Arbeitsheft

Conto 7 IIIa

**Betriebswirtschaftslehre/
Rechnungswesen
Realschule Bayern**

Grundwissen Ökonomie

Autoren

Anton Huber

Manfred Jahreis

Sabine Welzenbach

westermann

Dieses Arbeitsheft enthält alle Aufgaben und Fallstudien des Lehrbuches.

Die Nummerierung der Aufgaben und Fallstudien entspricht der Nummerierung im Buch.

Auf welcher Seite die Aufgaben und Fallstudien im Buch zu finden sind,

steht im Balken neben den Aufgaben.

© 2008 Bildungshaus Schulbuchverlage
Westermann Schroedel Diesterweg Schöningh Winklers GmbH, Braunschweig
www.westermann.de

Druck A^1/Jahr 2008

Redaktion: Petra Griesenbeck, Meckenheim
Herstellung: Andreas Losse
Satz: ISM Satz- und Reprostudio GmbH, München
Druck und Bindung: westermann druck GmbH, Braunschweig

ISBN 978-3-14-**116295-0**

Inhaltsverzeichnis

I Wirtschaftliches Handeln in privaten Haushalten und Unternehmen

I-1

Betrachte das rechts abgedruckte Schaubild:

1. Worüber gibt es Auskunft?

_____

_____

_____

_____

_____

Wo das Haushaltsgeld bleibt

Konsumausgaben der privaten Haushalte in Deutschland im Jahr 2005 insgesamt 1 262 Milliarden Euro

darunter	
Miete, Strom, Heizung, Wasser, Müll u.a.	305 Mrd. €
Essen und Trinken	149
Auto, Kraftstoffe u.a.	144
Freizeit, Unterhaltung, Kultur	117
Möbel, Haushaltsgeräte	89
Versicherungs- und Finanzdienstleistungen	81
Bekleidung, Schuhe	66
Gastgewerbedienstleistungen	65
Gesundheitspflege	59
Alkoholische Getränke, Tabakwaren	46
Telefon, Post, Internet u.a.	36
Öffentl. Verkehrsmittel, Bahn, Taxi	28
Körperpflege	23
Dienstleistungen sozialer Einrichtungen	15
Persönliche Gebrauchsgegenstände	10
Bildungswesen	9

Quelle: Stat. Bundesamt © Globus 0598

2. Welche festen (regelmäßigen) Ausgaben hat die Durchschnittsfamilie?

_____

_____

3. Welche sind die drei größten Ausgabeposten? Vergleiche sie mit denen in deiner Familie.

_____

_____

4. Welche Ausgabenblöcke siehst du als unbedingt notwendig an?

_____

_____

5. Bei welchem Ausgabenposten könnte die Familie noch sparen?

_____

_____

6. Welche Ausgaben fallen nicht jeden Monat an?

_____

_____

Betrachte das rechts abgedruckte Schaubild:

1. Worüber gibt es Auskunft?

_____

_____

_____

_____

2. Die Bundesregierung stellt einen Haushaltsplan auf.
   Was ist gegenübergestellt?

_____

_____

_____

_____

Das Hauptbuch der Nation
Bundeshaushalt 2005 (Soll)

Einnahmen	254,3 Mrd. Euro	254,3 Mrd. Euro	Ausgaben
Umsatzsteuer	74,6	84,4	Gesundheit und Soziales
Lohn- und Einkommensteuer	62,4	40,4	Bundesschuld
		38,0	Wirtschaft und Arbeit
Mineralölsteuer	41,5		
		23,9	Verteidigung
Tabaksteuer	14,8	23,3	Verkehr, Bau, Wohnungswesen
Solidaritätszuschlag	10,3		
Versicherungsteuer	8,9	8,8	Versorgung
Körperschaftsteuer	8,6	8,5	Bildung, Forschung
Stromsteuer	6,6	5,1	Verbraucher, Agrar
sonstiges	4,6	4,6	Familie, Jugend
		4,1	Inneres
Nettokreditaufnahme	22	13,2	sonstiges

© Globus   Quelle: BMF

9632

3. Welche drei Steuerarten tragen am meisten zu den Einnahmen bei?

_____

_____

4. Welche vier Ausgabenblöcke sind im Bundeshaushalt am größten?

_____

_____

5. Erkundige dich, wer im Freistaat Bayern den Haushaltsplan aufstellt. Informationen im Internet: www.bayern.de

_____

_____

_____

_____

6. Auch deine Gemeinde stellt einen Haushaltsplan auf. Wie groß sind die Ausgaben und die Einnahmen?

_____

_____

_____

I-3

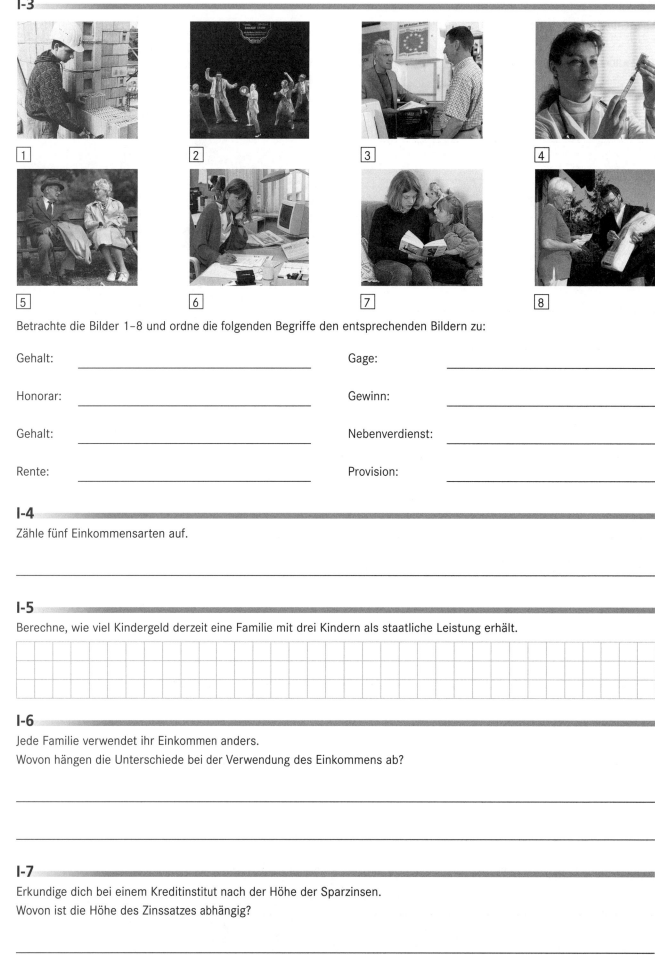

Betrachte die Bilder 1–8 und ordne die folgenden Begriffe den entsprechenden Bildern zu:

Gehalt: _____   Gage: _____

Honorar: _____   Gewinn: _____

Gehalt: _____   Nebenverdienst: _____

Rente: _____   Provision: _____

I-4

Zähle fünf Einkommensarten auf.

_____

_____

I-5

Berechne, wie viel Kindergeld derzeit eine Familie mit drei Kindern als staatliche Leistung erhält.

I-6

Jede Familie verwendet ihr Einkommen anders.
Wovon hängen die Unterschiede bei der Verwendung des Einkommens ab?

_____

_____

I-7

Erkundige dich bei einem Kreditinstitut nach der Höhe der Sparzinsen.
Wovon ist die Höhe des Zinssatzes abhängig?

_____

_____

Familie Krönle möchte sich in fünf Jahren verschiedene Güter kaufen:

1.800,00 €   2.100,00 €   18.000,00 €

Wie viel Euro muss Familie Krönle hierfür monatlich jeweils sparen?

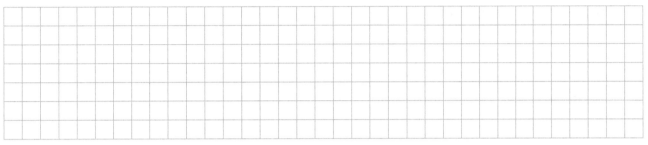

Eine Familie hat im Monat höhere Ausgaben als das Einkommen abdecken kann.
Woher könnten die Gelder zur Abdeckung des fehlenden Betrages kommen?

_____

_____

Welche Möglichkeiten des wirtschaftlichen Handelns schlägst du der Familie vor, damit Einnahmen und Ausgaben
zumindest gleich hoch werden?

_____

_____

Erstelle mithilfe eines Tabellenkalkulationsprogrammes ein Rechenblatt zum Haushaltsplan von Seite 17 im Lehrbuch.
Wie verändern sich die Ausgangsdaten, wenn
1. das Gehalt auf 2.500,00 € steigt?

_____

2. das Kindergeld um 10,00 € erhöht wird?

_____

3. die Telefongebühren auf 80,00 € steigen?

_____

4. das Taschengeld auf insgesamt 120,00 € erhöht wird?

_____

5. die Miete auf 500,00 € steigt?

_____

I-11

Christian hat ein Rechenblatt für seine Einnahmen und Ausgaben erstellt:

	A	B	C	D	E	F
1	Einnahmen	Euro		Ausgaben	Euro	
2	Taschengeld	25,00		Skaterzeitschrift	5,00	
3	Oma	10,00		Software	25,00	
4	Prospektverteilung	40,00		Kino, etc.	10,00	
5				CDs	15,00	
6				Sonstiges	5,00	
7	Gesamteinnahmen	75,00		Gesamtausgaben	60,00	
8				Sparen	15,00	

1. Welche Zellen beinhalten Eingabedaten?

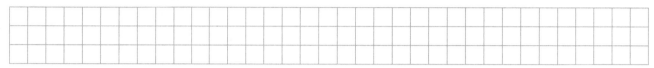

2. Welche Zellen beinhalten Ausgabedaten?

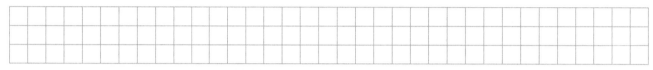

3. Wie lautet die Formel zur Berechnung der Gesamteinnahmen in Zelle B7?

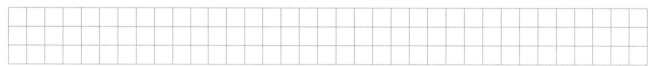

4. Wie lautet die Formel zur Berechnung der Gesamtausgaben in Zelle E7?

5. Wie lautet die Formel zur Berechnung der Ersparnis in Zelle E8?

I-12

Der Gebrauch eines Autos umfasst eine Menge von zu berücksichtigenden Kosten: z. B. Benzin, TÜV, Versicherung, Zulassung, Wertverlust pro Jahr, Reparaturen, Garagenmiete, Kfz-Steuer, Kleinteile, Sonstiges.
Erstelle ein Rechenblatt, mit dessen Hilfe man die Gesamtkosten in einem Jahr, die Gesamtkosten pro Monat und die Kosten je 100 gefahrener Kilometer ermitteln kann. Frag deine Eltern, wie hoch du die jeweiligen Kosten ansetzen musst und wie viel Kilometer sie pro Jahr fahren.

Du kannst dein Rechenblatt ausdrucken und hier einkleben.

I-13

Du hast verschiedene Grafiktypen kennengelernt. Welcher Grafiktyp eignet sich besonders gut zur Darstellung

1. eines Vergleiches verschiedener Zahlen?

_____

2. von Veränderungen während der letzten Jahre?

_____

3. von Anteilen eines Ganzen?

_____

I-14

Das Statistische Bundesamt in Wiesbaden stellt jedes Jahr die Einkommensdaten der privaten Haushalte zusammen. Es unterscheidet dabei verschiedene Haushaltstypen:

Haushaltstyp	Einkommen pro Monat	Haushaltstyp	Einkommen pro Monat
Selbstständige	4.300,00 €	Arbeiter	2.500,00 €
Beamte	3.900,00 €	Rentner	2.300,00 €
Angestellte	3.100,00 €	Pensionäre	3.500,00 €

Erstelle ein Säulen- oder Balkendiagramm, das einen Vergleich der Nettoeinkommen anschaulich darstellt.

Auch die Bundesrepublik Deutschland stellt einen Staatshaushaltsplan auf. Hier die Zahlen für die geplanten Ausgaben für jedes Ministerium im Jahre 2007 (in Mio):

Bundespräsident und Bundespräsidialamt	25,10
Deutscher Bundestag	622,70
Bundesrat	21,09
Bundeskanzlerin und Bundeskanzleramt	1.735,25
Auswärtiges Amt	2.533,29
Bundesministerium des Innern	4.439,24
Bundesministerium der Justiz	453,22
Bundesministerium der Finanzen	4.715,65
Bundesministerium für Wirtschaft und Technologie	6.000,30
Bundesministerium für Ernährung, Landwirtschaft und Verbraucherschutz	5.172,48
Bundesministerium für Arbeit und Soziales	122.165,83
Bundesministerium für Verkehr, Bau und Stadtentwicklung	24.044,21
Bundesministerium der Verteidigung	27.872,50
Bundesministerium für Gesundheit	4.598,42
Bundesministerium für Umwelt, Naturschutz und Reaktorsicherheit	790,32
Bundesministerium für Familie, Senioren, Frauen und Jugend	5.245,07
Bundesverfassungsgericht	20,37
Bundesrechnungshof	109,27
Bundesministerium für wirtschaftliche Zusammenarbeit und Entwicklung	4.500,00
Bundesministerium für Bildung und Forschung	8.521,79
Bundesschuld	40.458,33
Allgemeine Finanzverwaltung	5.703,65

Erstelle ein Rechenblatt, mit dessen Hilfe die Gesamtausgaben berechnet werden können. Erstelle anschließend mit dem Grafikprogramm ein Kreisdiagramm, das die Ausgaben verdeutlicht.

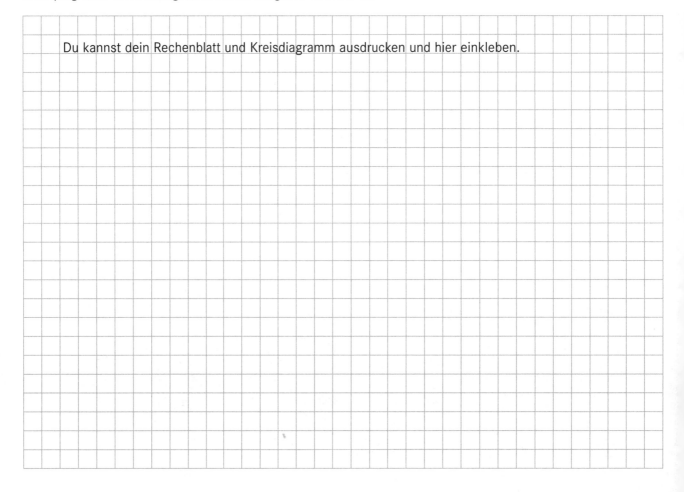

Du kannst dein Rechenblatt und Kreisdiagramm ausdrucken und hier einkleben.

S. 24

Berechne jeweils den Prozentsatz.

	Grundwert	Prozentwert
1.	2.500,00 €	125,00 €
2.	5.000,00 €	500,00 €
3.	120,00 €	3,60 €
4.	1.650,00 €	198,00 €
5.	280,00 €	42,00 €
6.	760,00 €	152,00 €
7.	32.000,00 €	960,00 €
8.	4.200,00 €	168,00 €
9.	360,00 €	432,00 €
10.	75,00 €	3,75 €

I-17

Welcher Dezimalzahl entsprechen folgende Prozentsätze?

1.	85 %	entspricht	?
2.	22 %	entspricht	?
3.	90 %	entspricht	?
4.	5 %	entspricht	?
5.	47 %	entspricht	?

85 % entspricht _____

22 % entspricht _____

90 % entspricht _____

5 % entspricht _____

47 % entspricht _____

I-18

Welchem Prozentsatz entsprechen folgende Dezimalzahlen?

1.	0,25	entspricht	?
2.	0,04	entspricht	?
3.	0,88	entspricht	?
4.	0,01	entspricht	?
5.	0,59	entspricht	?

0,25 entspricht _____

0,04 entspricht _____

0,88 entspricht _____

0,01 entspricht _____

0,59 entspricht _____

I-19

Berechne jeweils den Prozentwert.

1.	50 %	von	150,00 €
2.	25 %	von	240,00 €
3.	15 %	von	2.800,00 €
4.	10 %	von	765,00 €
5.	5 %	von	400,00 €
6.	3 %	von	75,00 €
7.	2,50 %	von	1.250,00 €
8.	2 %	von	300,00 €
9.	1,50 %	von	600,00 €
10.	80 %	von	800,00 €

Berechne jeweils den Grundwert.

1.	50 %	von	150,00 €
2.	25 %	von	132,00 €
3.	15 %	von	1.005,00 €
4.	10 %	von	765,00 €
5.	5 %	von	45,00 €
6.	3 %	von	75,00 €
7.	2,50 %	von	35,00 €
8.	2 %	von	30,00 €
9.	1,50 %	von	45,00 €
10.	80 %	von	840,00 €

Ermittle zu folgenden Prozentteilern jeweils den entsprechenden Prozentsatz:

	Teiler
1.	5
2.	2
3.	100
4.	4
5.	20
6.	25
7.	8

I-22

Krönle verkauft an ein Hotel hochwertige Messersets für 2.400,00 € . Es wird vereinbart, dass das Hotel bei der Abnahme von mehreren Sets Preisminderungen erhält:

| bei zwei Sets | 10 % | bei 10 Sets | 33 $\frac{1}{3}$ % |
| bei fünf Sets | 25 % | bei 20 Sets | 50 % |

Berechne den jeweiligen Verkaufspreis, indem du im Kopf rechnest und dabei bequeme Teiler verwendest.

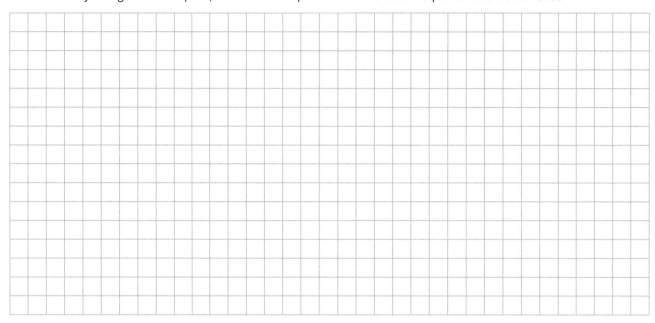

I-23

In der Prozentrechnung gibt es verschiedene Formeln, je nachdem, welche Größe zu berechnen ist.

1. Wie lautet die Formel zur Berechnung des Prozentwertes?

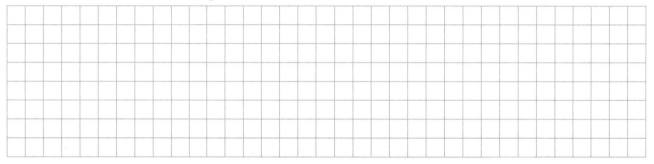

2. Leite durch mathematische Umformung der Gleichung die Formeln zur Berechnung des Prozentsatzes und des Grundwertes ab.

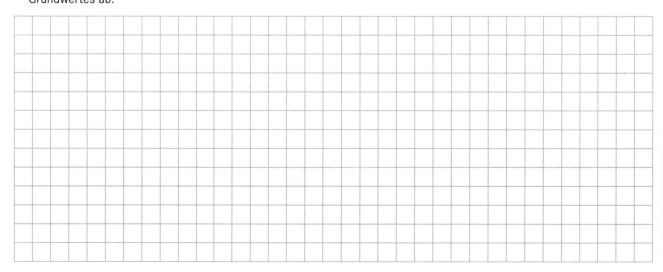

Ergänze die fehlenden Werte in der abgebildeten Tabelle. Verwende so weit als möglich auch bequeme Teiler.

	Grundwert	Prozentwert	Prozentsatz
1.	2.000,00		25
2.		200,00	5
3.	500,00	100,00	
4.	4.000,00		22
5.		400,00	20
6.	750,00	250,00	
7.	2.400,00		33 1/3
8.		357,00	119
9.	4.000,00	800,00	
10.	300,00		2
11.		250,00	10
12.	450,00	90,00	
13.	1.500,00		16
14.		465,00	93
15.	600,00	90,00	
16.	3.000,00		28
17.		105,00	35
18.	450,00	13,50	
19.	2.618,00		119
20.		3.852,00	107

Max bekommt 10,00 € Taschengeld, Hans 20,00 €. Bei einem Ausflug gibt jeder von ihnen 5,00 € für das Mittagessen aus.

1. Wer hat absolut betrachtet mehr Geld vom Taschengeld ausgegeben?

_____

_____

_____

2. Berechne, wie viel Prozent vom Taschengeld Max und Hans jeweils für das Mittagessen ausgeben.

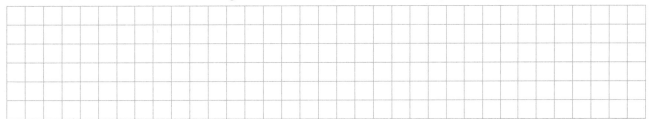

I-26

Aus einer Tageszeitung ist folgende Aufstellung über die Verwendung des Haushaltsgeldes entnommen:

Wofür wird das Haushaltsgeld ausgegeben?	Essen	Wohnen	Kleidung	Sonstiges
In einem Rentnerhaushalt	33 %	31 %	7 %	29 %
In einem Arbeitnehmerhaushalt	26 %	25 %	10 %	39 %

Einem Rentnerhaushalt stehen monatlich 2.300,00 € zur Verfügung, einem Arbeitnehmerhaushalt 2.500,00 €.

Berechne, wie viel € die beiden Haushalte jeweils für die einzelnen Bereiche ausgeben.

	Rentner	Arbeitnehmer
Essen		
Wohnen		
Kleidung		
Sonstige		

I-27

Eine Hausfrau liest im Wirtschaftsteil der Tageszeitung eine Aufstellung über die Verwendung des Haushaltsgeldes.
Sie vergleicht mit den Werten in ihrem Haushaltsbuch:

Monatliches Einkommen	**2.700,00 €**
Ausgaben für Wohnen	900,00 €
Ausgaben für Ernährung	675,00 €
Ausgaben für Kleidung	405,00 €

1. Welchen Prozentsatz gibt diese Familie jeweils für Wohnen, Essen und Kleidung aus?

Wohnen	**Ernährung**	**Kleidung**

2. Wofür könnte der Rest (Sonstiges) verwendet werden?

_____

_____

_____

I-28

S. 28

1. Thomas möchte sich neue Sportschuhe kaufen. Der Sportschuhladen hat derzeit eine Aktion und bietet Sportschuhe mit einem Nachlass von 25 % an.
   Wie viel kosten die neue Sportschuhe jetzt, wenn der frühere Preis 120,00 € betrug?

2. Tina hat sich ebenfalls neue Schuhe gekauft. Sie erhielt einen Nachlass von 27,00 €.
   Das waren 30 % des früheren Preises. Wie viel kosteten die Schuhe früher?

I-29

S. 28

Beim letzten Konzert von Robbie Williams in der Münchener Olympiahalle waren 6 150 Besucher weiblich; das waren 75 % der Besucher.
Berechne, wie viele Zuschauer das Konzert insgesamt besucht haben.

I-30

Ein Fahrradgeschäft bietet im Rahmen seines 50-jährigen Firmenjubiläums auf alle Fahrräder einen Nachlass.
Maximilian kauft sich deshalb von seinem „Geburtstagsgeld" ein Mountainbike, das normalerweise 220,00 € kostet.
Maximilian erhält einen Nachlass von 55,00 €.
Berechne, wie viel Prozent Nachlass das Fahrradgeschäft gewährt.

I-31

Eine Musikanlage kostet um 12 % weniger als im Vorjahr. Das entspricht einem Nachlass von 30,00 €.
Berechne den ursprünglichen Verkaufspreis.

I-32

Aus einer Tageszeitung ist diese Infografik entnommen:

1. Welche Hauptinformation bietet diese
   Infografik?

_____

_____

_____

_____

_____

_____

So sprudeln die Steuerquellen 2007
Aufkommen der wichtigsten Steuern in Deutschland in Mrd. Euro
Basis: Steuerschätzung Mai 2006
Insgesamt 494,0 (+6,1%)*

Umsatzsteuer **166,3** (+16,9%)
Lohnsteuer **122,0** (+1,5%)
Mineralöl-steuer **38,8** (−1,3%)
Gewerbesteuer **33,9** (−1,0%)
Körperschaft-steuer **16,9** (−9,7%)
Veranlagte Einkommensteuer **16,0** (+19,9%)
Tabak-steuer **14,9** (+1,4%)
nicht veranlagte St. vom Ertrag **10,7** (+2,0%)
Stromsteuer **6,8** (+4,0%)
Zinsabschlagsteuer **7,2** (+1,4%)
Kfz-Steuer **8,9** (−1,1%)
Grundsteuer **10,5** (+1,6%)
Solidaritäts-zuschlag **10,6** (+0,2%)
Versicherungsteuer **10,6** (+21,4%)
Quelle: BMF *Veränderung zum Vorjahr
ⓘⓜⓤ 121 0506

2. Welche Angabe stellt den Grundwert dar?

_____

3. Berechne wie viel % aller Steuern

   a) die Umsatzsteuer einbringt,

   b) die Lohnsteuer einbringt,

   c) die Mineralölsteuer einbringt.

   d) Wie viel Prozent der gesamten Steuereinnahmen erbringen die zwei größten Steuerarten?

4. Erstelle zu dieser Infografik mit einem Tabellenkalkulationsprogramm eine Tabelle mit einem geeigneten Diagrammtyp.

   Du kannst deine Tabelle ausdrucken und hier einkleben.

1. Wie nennt man den vorliegenden Beleg?

_____

2. Welche Produkte hat Familie Krönle bei der Firma Kümax eingekauft? Es handelt sich um ein

_____

_____

_____

3. Was versteht man unter einem Rabatt?

_____

4. Wofür können Firmen ihren Kunden Rabatt gewähren?

_____

_____

_____

Einbaugeräte Kümax e. K.

80637 München
Dachauer Straße 285
Tel.: 089 152978

Familie Krönle
Dieselstraße 4
86154 Augsburg

26. November 20..

Rechnung

Ihre Anfrage:	15. November
Unser Angebot:	18. November
Lieferdatum:	23. November

Menge	m³	Einzelpreis €	Gegenstand	Gesamtpreis €
1	x	795,00	Einbaukühlschrank „Maxi"	795,00
1	x	698,00	Einbauherd „Ceran Plus"	698,00
1	x	999,00	Kühlkombination „Fiesco"	999,00
			- Rabatt 5 %	124,60
			Warenwert netto	2.367,40
			+ Frachtkosten	0,00
			+ 19 % Umsatzsteuer	
			Rechnungsbetrag	

Zahlung fällig am 27. Dezember 20..
Bei Zahlung bis zum 6. Dezember 20..
gewähren wir 2 % Skonto.

Registergericht München HRA 1255

Bankverbindung:
Handelsbank München
Konto 338 266
BLZ 342 800 00
USt-IdNr. DE 376148850
Steuernr. 133/407/5096/2288

5. Leider fehlt auf dem Beleg der Betrag für die Umsatzsteuer und der Rechnungsbetrag. Berechne beide Größen.

6. Wie lange hat Familie Krönle Zeit, die gekauften Gegenstände zu bezahlen?

_____

7. Welche Möglichkeit bei der Bezahlung bietet Firma Kümax ihren Kunden noch an?

_____

8. Erkundige dich, was man unter einem Skonto versteht.

_____

9. Berechne das Skonto in € und den dann zu zahlenden Betrag.

1. Berechne die Gesamtbelastung des
   Girokontos durch die drei Überweisungen.

Kontoauszug

Zahlungsempfänger/-pflichtiger	Verwendungszweck/Scheck-Nr.	Wert	Lastschriften	Gutschriften
Überweisung für Rechnung für Digitalkamera			654,60€	
Überweisung für Rechnung für Staubsauger			130,90€	
Überweisung für Rechnung für Zeitschriftenabonnement			52,43€	

Kontonummer
99-134677

Saldo insges.   Alter Saldo
2.459,90€

Kontoinhaber (oder Zahlungsempfänger/-pflichtiger) — Auszug — Blatt
Sonja und Alexander Krönle   55   1

Neuer Saldo
1.621,97€

Auszugsdatum

Uhrzeit

2. Berechne den Nettowert des Digitalkamera.

3. Eine Aktion des Staubsaugerherstellers verspricht einen nachträglichen Preisnachlass von 20%.
   Wie viel Euro Nachlass kann Familie Krönle erwarten?

4. Berechne den neuen Saldo des Girokontos, nachdem der Staubsaugerhersteller den Nachlass überwiesen hat.

Welche Funktionen (Aufgaben) hat das Geld in folgenden Fällen:

1. Familie Krönle spart für ein neues Auto.

2. Familie Krönle kauft einen neuen Kühlschrank für 300,00 € .

3. Herr Krönle erhält sein Gehalt von der Firma SYSCOMP.

4. Auf einem Preisschild für einen Computer steht „999,00 €".

_____

5. Du findest in einer Schublade noch einen 50,00 DM-Schein. Der örtliche CD-Laden verweigert die Annahme des Scheines.

_____

S. 40 **I-36**

Warum und wie lange sollte man Zahlungsquittungen aufbewahren?

_____

_____

S. 40 **I-37**

Nimm eine Euro-Banknote zur Hand und beschreibe die Motive auf der Vorder- und Rückseite.

Vorderseite:
_____

Rückseite:
_____

_____

Nenne fünf Sicherheitsmerkmale einer Euro-Banknote.

_____

_____

_____

Welche Werte haben unsere sieben Euro-Banknoten?

_____

_____

S. 40 **I-38**

Nimm eine Euro-Münze zur Hand und beschreibe die Motive auf der Vorder- und Rückseite.

Vorderseite:
_____

Rückseite:
_____

Welche Werte gibt es als Münzen?

_____

_____

Welche Besonderheit zeigen die 1- und 2-Euro-Münzen?

_____

Mit welchem Strafmaß hat der Geldfälscher vom untenstehenden Artikel laut § 146 StGB zu rechnen?

Falschgeld im Umlauf

Polizei rät zur Vorsicht – Unechte 200-Euro-Scheine aufgetaucht

Zeitz/Weißenfels/MZ/ank. Unbekannte haben Mittwoch in Weißenfels und Naumburg gefälschte 200-Euro-Scheine in Umlauf gebracht. Laut Polizei sind sieben Fälle bekannt. Die unechten Geldscheine seien vor allem in Bekleidungs- und Sportgeschäften zum Bezahlen verwandt worden. Die Polizei bittet die Händler, bei der Annahme von Geldscheinen mit hohem Wert genau hinzuschauen, um möglicherweise unechtes Geld identifizieren zu können.

Sollten Zweifel an der Echtheit bestehen, sollte sofort die Polizei benachrichtigt werden. Auch Privatpersonen rät die Polizei zur Vorsicht, vor allem, wenn sie mit der Bitte angesprochen werden, größere in kleinere Scheine zu wechseln. Euro-Banknoten weisen verschiedene Sicherheitsmerkmale auf. Zum Beispiel besitzen sie durch die Anwendung des Stichtiefdruckverfahrens ein ertastbares Relief auf der Vorderseite. Wenn man die Banknote gegen das Licht hält, zeigen links oben unregelmäßige Zeichen auf Vorder- und Rückseite den Wert der Note.   Quelle: Mitteldeutsche Zeitung, www.mz-web.de

StGB § 146

(1) Mit Freiheitsstrafe nicht unter zwei Jahren wird bestraft, wer
1. Geld in der Absicht nachmacht, dass es als echt in Verkehr gebracht oder dass ein solches Inverkehrbringen ermöglicht werde, oder Geld in dieser Absicht so verfälscht, dass der Anschein eines höheren Wertes hervorgerufen wird,
2. falsches Geld in dieser Absicht sich verschafft oder
3. falsches Geld, das er unter den Voraussetzungen der Nummern 1 oder 2 nachgemacht, verfälscht oder sich verschafft hat, als echt in Verkehr bringt.
(2) In minder schweren Fällen ist die Strafe Freiheitsstrafe bis zu fünf Jahren oder Geldstrafe.

Nenne fünf Möglichkeiten der bargeldlosen Zahlung.

Thomas Hofer hat bei Max Müller – PC-Bedarf einen Farblaserdrucker für 399,00 € gekauft und begleicht den Rechnungsbetrag per Banküberweisung.
Besorge dir von einer Bank einen Überweisungsvordruck. Fülle den Vordruck für den Rechnungsausgleich durch:
Max Müller – PC-Bedarf
Kontonummer 77134555
BLZ 70150000 bei Stadtsparkasse München
Rechnungsnummer: 12-678
Kontonummer von Thomas Hofer: 88654333

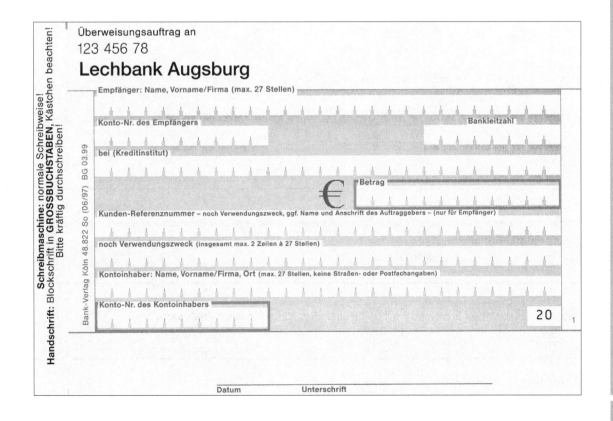

I-42

Beschreibe den Unterschied zwischen dem Dauerauftrag und dem Einzugsverfahren.

_____

_____

_____

I-43

1. Um wie viel Prozent ist die Anzahl von Bankkunden-
   Karten

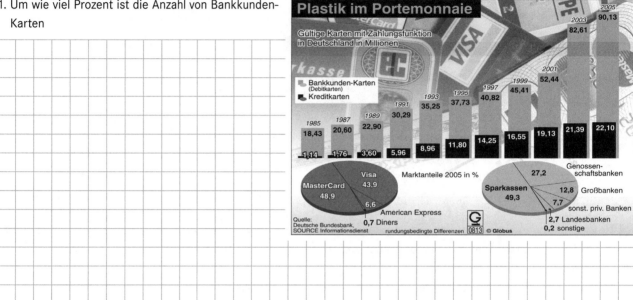

2. Wie viel Millionen Kreditkarten wurden im Jahr 2005 von MasterCard in Umlauf gebracht?

3. Woher stammen die Daten für die Infografik?

_____

I-44

Nenne die vier wichtigsten Arten von Zahlungskarten.

_____

Nenne je einen Vorteil und einen Nachteil bei der Bezahlung mit einer Kreditkarte.

Vorteil: _____

Nachteil: _____

Warum geben immer mehr Unternehmen eigene Kundenkarten heraus?

_____

I-45

S. 41

Unten sind einige Symbole abgedruckt, wie sie sich auf der Ec-Karte befinden können.
Welche Bedeutung haben diese Symbole jeweils?

_____

_____

_____

_____

_____

_____

_____

_____

_____

_____

_____

_____

_____

_____

I-46

S. 41

Die EC-Karte wird auch als Multifunktionskarte bezeichnet. Nenne fünf mögliche Verwendungsarten dieser Karte.

_____

_____

_____

I-47

S. 41

Beschreibe die Benutzung einer Geldkarte vom Ladevorgang bis zur Bezahlung.

_____

_____

_____

I-48

Beschreibe den Ablauf einer Überweisung per Online-Banking.

I-49

Welche Probleme können sich bei der modernen Art des Zahlungsverkehrs per PC ergeben?

I-50

Martin Wagner hat sich neue Küchengeräte der Firma Krönle gekauft.
Hier ist ein Auszug der dazugehörigen Rechnung abgebildet. Unten sind
ein Überweisungs- und ein Barscheckvordruck abgebildet.
Fülle diese beiden Formulare sorgfältig anhand der Angaben aus der
Rechnung aus.

Krönle

Küchengeräte und
Hotelleriebedarf e. K.

Krönle e. K., Augsburger Straße 12, 86368 Gersthofen

Martin Wagner
Alpenweg 8
80688 München

RECHNUNG

Krönle Küchengeräte und
Hotelleriebedarf e. K.
Augsburger Straße 12
86368 Gersthofen
Amtsgericht Augsburg HRA 3345
☎ 0821 497244
🖷 0821 497255
🖳 www.kroenle-online.de

Gersthofen, 25. Januar 20..

Für die Lieferung vom **22. Januar** erlauben wir uns, Ihnen zu berechnen:

Artikel	Artikel-Nr.	Einzelpreis €	Stück	Gesamtpreis €
Schöpflöffel "Maxi"	SL-24	21,00	3	63,00
Schöpfkelle "Midi"	SM-22	14,50	2	29,00
Warenwert netto				92,00
Frachtkosten				10,00
Umsatzsteuer 19 %				19,38
				121,38

Zahlung fällig am 25. März 20.. rein netto
Bei Zahlung bis zum 5. Februar 20.. gewähren wir 2 % Skonto.
Die gelieferte Ware bleibt bis zur vollständigen Bezahlung unser Eigentum.

Bankverbindung: Konto-Nr.: 1270008374 Lechbank Augsburg · BLZ 790 550 00
USt-IdNr. DE 233555621 Steuernr. 178/2045/3428

Schreibmaschine: normale Schreibweise!
Handschrift: Blockschrift in **GROSSBUCHSTABEN**, Kästchen beachten!
Bitte kräftig durchschreiben!

Bank-Verlag Köln 48.822 So (06/97) BG 03.99

Überweisungsauftrag an
123 456 78

Lechbank Augsburg

Empfänger: Name, Vorname/Firma (max. 27 Stellen)

Konto-Nr. des Empfängers

Bankleitzahl

bei (Kreditinstitut)

€ Betrag

Kunden-Referenznummer – noch Verwendungszweck, ggf. Name und Anschrift des Auftraggebers – (nur für Empfänger)

noch Verwendungszweck (insgesamt max. 2 Zeilen à 27 Stellen)

Kontoinhaber: Name, Vorname/Firma, Ort (max. 27 Stellen, keine Straßen- oder Postfachangaben)

Konto-Nr. des Kontoinhabers

20

Datum   Unterschrift

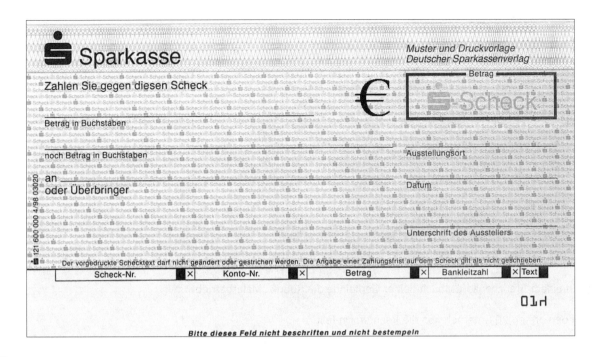

I-51

S. 54

Angenommen du würdest die folgenden Unternehmen gründen: Butter- und Käsewerk, Porzellanfabrik, Sägewerk, Marmeladenfabrik, Computerhersteller, Brauerei.

Wo in Bayern würdest du diese Unternehmen gründen und warum gerade dort? Nimm als Hilfsmittel für deine Entscheidung auch den Atlas zur Hand.

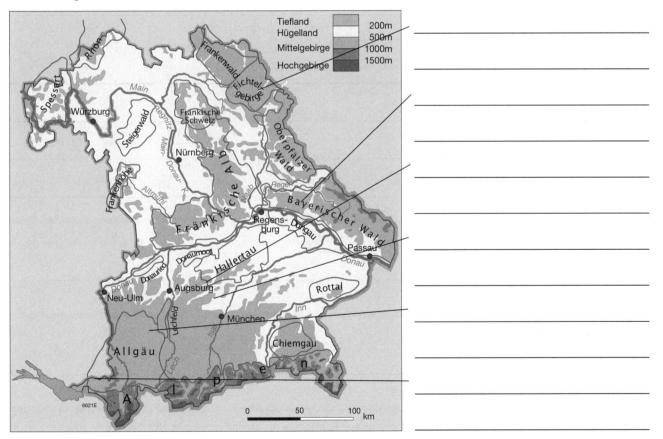

I-52

S. 54

Worüber gibt die Rechtsform eines Unternehmens Auskunft?

S. 54

I-53

Beschreibe vier Merkmale einer Einzelunternehmung.

S. 54

I-54

Schlage in einem Branchenadressbuch deiner Gemeinde die Rubrik „Malerbetriebe" auf.

Stelle bei den ersten 20 Unternehmen die Rechtsform fest.

S. 54

I-55

1. Wozu dient der Firmenname?

2. Was bedeuten folgende Rechtsformzusätze: e. K.; OHG; AG; GmbH?

e. K.:

OHG:

AG:

GmbH:

S. 54

I-56

In welche vier Bereiche lassen sich Fertigungsunternehmen einteilen?

S. 54

I-57

Welche Aufgaben hat Sonja Krönle als Unternehmerin?

S. 54

I-58

Nenne je drei konkrete Beispiele aus der Umgebung deiner Realschule für die Industrie, das Handwerk und den Einzelhandel.

I-59

S. 54

Nenne die vier betrieblichen Produktionsfaktoren.

_____

I-60

S. 54

Definiere die vier verschiedenen Arten von Werkstoffen und gib jeweils ein Beispiel aus der Küchengeräteherstellung an.

_____

_____

_____

_____

_____

_____

I-61

S. 55

Nenne die Werkstoffe bei der Herstellung
– eines Autos
– eines Holzfensters
– einer Kunststoffordners

_____

_____

_____

_____

_____

_____

Was versteht man unter menschlicher Arbeitskraft?

_____

_____

Gib jeweils drei Beispiele für technische und kaufmännische Mitarbeiter an.

_____

_____

_____

S. 55 **I-62**

Nenne acht verschiedene Betriebsmittel eines Fertigungsunternehmens.

_____

_____

_____

S. 55 **I-63**

Welche Aufgaben hat die Betriebsleitung eines Unternehmens?

_____

_____

_____

_____

S. 55 **I-64**

Nenne drei Produkte, die aus recycelten Materialien entstanden sind.

_____

S. 55 **I-65**

Welche Aussage trifft der Karikaturist mit rechts abgebildeter Karikatur?

_____

_____

_____

_____

S. 55 **I-66**

Nimm Stellung zur Aussage: „Wir haben die Erde nur von unseren Kindern geborgt!"

... ABER WIR SCHAFFEN DOCH NUR NOTWENDIGE ARBEITSPLÄTZE

_____

_____

_____

_____

_____

II Erfassen wirtschaftlicher Vorgänge im Unternehmen

II-1

1. Was versteht man unter Inventur, was unter Inventar?

2. Erkläre den Unterschied zwischen Inventur und Inventar.

3. Nenne je drei Vermögensgegenstände, die zum Anlage- bzw. zum Umlaufvermögen gehören.

Anlagevermögen:

Umlaufvermögen:

4. Welche Formvorschriften gelten für das Inventar?

5. Welche Aufgabe haben Vor- und Hauptspalte des Inventars?

II-2

1. Stelle die nachfolgenden Posten in der richtigen Gliederung (siehe Buch Seite 59) zu einem Inventarschema zusammen: Maschinen, Fahrzeuge, Vorräte, Gebäude, Bankguthaben, Langfristige Bankverbindlichkeiten, Kurzfristige Bankverbindlichkeiten, Forderungen an Kunden, Verbindlichkeiten bei Lieferern, Bargeld.

II-3

Beantworte die folgenden Fragen zum Inventar der Firma Krönle (siehe Buch Seite 60):

1. Welche Höhe hat das Vermögen in €?

_____

2. Welche Höhe haben die Schulden in €?

_____

3. Welche Höhe hat das Eigenkapital in €?

_____

4. Welche Höhe hat das Umlaufvermögen in €?

_____

5. Welche Vermögensposten gehören zum Anlage- bzw. Umlaufvermögen?

Anlagevermögen: _____   *Umlaufvermögen:* _____

_____   _____

_____   _____

_____   _____

_____   _____

_____   _____

II-4 S. 61

Berechne die fehlenden Werte:

1. Eigenkapital 139.000,00 €, Summe des Vermögens 295.000,00 €

2. Summe des Vermögens 999.000,00 €, Summe der Schulden 820.000,00 €

II-5 S. 61

Untersuche nachstehenden Gesetzestext und formuliere kurz die wichtigsten Aussagen aus dem Text:

> **§240 HGB Inventar.**
> 1) Jeder Kaufmann hat zu Beginn seines Handelsgewerbes seine Grundstücke, seine Forderungen und Schulden, den Betrag seines baren Geldes sowie seine sonstigen Vermögensgegenstände genau zu verzeichnen und dabei den Wert der einzelnen Vermögensgegenstände und Schulden anzugeben.

_____

_____

II-6 S. 61

Das Inventar ist in Staffelform aufgebaut und umfasst zahlreiche Fachbegriffe.

1. Erkläre den Aufbau des Inventars.

_____

_____

2. Gib jeweils eine kurze Erklärung für folgende Fachbegriffe:

a) Maschinen und Anlagen

_____

b) Fuhrpark

_____

_____

c) Bankguthaben

_____

_____

d) Bankverbindlichkeiten

_____

_____

S. 66

II-7

1. Inwieweit erfüllt ein Inventar die Anforderungen des § 243 HGB nicht?

_____

_____

2. Wann ist von jedem Kaufmann laut § 242 eine Bilanz aufzustellen?

_____

_____

_____

S. 66

II-8

Stelle fest, ob die folgenden Aussagen richtig oder falsch sind, begründe deine Entscheidung und schlage gegebenenfalls Verbesserungen vor:

1. Auf der Passivseite der Bilanz wird die Form des Vermögens dargestellt.

_____

_____

2. Die Bilanz ist mit dem Inventar „verwandt".

_____

3. Für Kaufleute besteht eine gesetzliche Pflicht zur Aufstellung einer Bilanz.

_____

4. Die Gleichung Aktiva = Passiva kann auch so dargestellt werden: Anlagevermögen + Umlaufvermögen = Eigenkapital.

_____

5. Die Bilanz ist ähnlich wie das Inventar gegliedert.

_____

6. Bilanz und Inventar unterscheiden sich nur in der Form.

_____

_____

7. Die Staffelform der Bilanz ist gekennzeichnet durch die Gegenüberstellung von Vermögen und Kapital.

_____

II-9 S. 66

1. Wie lautet die Bilanzgleichung?

_____

2. Gib zwei weitere Möglichkeiten für die Bilanzgleichung an, indem du folgende Begriffe bzw. Abkürzungen verwendest:
   Vermögen (V), Anlagevermögen (AV), Umlaufvermögen (UV), Kapital (K), Fremdkapital (FK), Eigenkapital (EK).
   Zwei Möglichkeiten!

_____

_____

3. Was zeigt die Passivseite der Bilanz? Wie ist diese gegliedert?

_____

_____

4. Was zeigt die Aktivseite der Bilanz? Wie ist diese gegliedert?

_____

_____

II-10 S. 66

Formuliere vier Aussagen, die Grundsätze ordnungsmäßiger Buchführung beschreiben.

_____

_____

_____

_____

II-11

Erstelle anhand des abgebildeten
Inventars eine Bilanz.

Maier Möbelbau e. K.
Augsburger Straße 16
86368 Gersthofen

Inventar
(Bestandsverzeichnis zum 1. Januar 2007 in € – verkürzte Übersicht)

	(Vorspalte)	(Hauptspalte)
A. Vermögen		
I. Anlagevermögen		
1. Bebaute Grundstücke	300.000,00	
2. Betriebs- u. Verwaltungsgebäude	900.000,00	
3. Maschinen und Anlagen laut Verzeichnis	2.000.000,00	
4. Fuhrpark		
Lastkraftwagen A-MM-102	75.000,00	
Lastkraftwagen A-MM-104	245.000,00	
Personenkraftwagen A-MM-301	25.000,00	
5. Büromaschinen laut Verzeichnis	415.000,00	
6. Büroausstattung laut Verzeichnis	460.000,00	4.420.000,00
II. Umlaufvermögen		
1. Vorräte laut Verzeichnis	300.000,00	
2. Forderungen an Kunden	275.000,00	
3. Bankguthaben	210.000,00	
4. Kassenbestand	25.000,00	810.000,00
Summe des Vermögens		5.230.000,00
B. Schulden		
I. Langfristige Schulden		
1. Langfristige Bankverbindlichkeiten	1.600.000,00	1.600.000,00
II. Kurzfristige Schulden		
1. Kurzfristige Bankverbindlichkeiten	903.000,00	
2. Verbindlichkeiten an Lieferer	627.000,00	1.530.000,00
Summe der Schulden		3.130.000,00
C. Ermittlung des Reinvermögens		
Summe des Vermögens		5.230.000,00
-Summe der Schulden		-3.130.000,00
= Eigenkapital (Reinvermögen)		2.100.000,00

Aktiva   Bilanz   Passiva

Ordne die folgenden Posten nach dem Inventarschema von Seite 59 im Buch und stelle danach eine Bilanz auf:

	€
Vorräte	32.700,00
Maschinen	40.000,00
Gebäude	100.000,00
Verbindlichkeiten an Lieferer	13.640,00
Bankguthaben	8.900,00
kurzfristige Bankverbindlichkeiten	20.000,00
Forderungen an Kunden	11.300,00
Langfristige Bankverbindlichkeiten	48 000,00
Geschäftsausstattung	17.900,00
Bargeld	1.900,00
Fahrzeuge	18.000,00

Aktiva		Bilanz		Passiva

II-13

Erstelle aufgrund dieser Angaben das Inventar und die Bilanz der Firma Schwarz e. K. Ingolstadt:

	€
Kassenbestand	4.130,00
Geschäftsausstattung	17.200,00
Langfristige Bankverbindlichkeiten	36.200,00
Bankguthaben:	
Sparbank	6.200,00
Donaubank	6.500,00
Verbindlichkeiten aus Lieferungen:	
Lieferer Aumann	4.700,00
Lieferer Bergmann	32.500,00
Maschinen	132.500,00
Vorräte:	
A	22.000,00
B	36.000,00
C	3.600,00
Forderungen aus Lieferungen:	
Kunde Altmeister	2.000,00
Kunde Blumig	4.000,00
Kunde Stachling	2.890,00

Aktiva		Bilanz		Passiva

II-14

Erstelle nach folgenden Inventurbeständen der Firma Egon Haizmann e.K., Karlstadt, das Inventar und die Bilanz:

	€
Vorräte laut besonderem Verzeichnis	89.000,00
Geschäftsausstattung laut Anlagekartei	72.000,00
Lastkraftwagen	88.000,00
Maschinen	42.000,00
Langfristige Bankverbindlichkeiten	210.000,00
Verbindlichkeiten:	
Lieferer Weiß	17.000,00
Lieferer Schwarz	5.000,00
Gebäude	360.000,00
Grundstücke	210.000,00
Bares Geld	5.000,00
Guthaben bei:	
Sparbank	9.000,00
Gewerbebank	8.000,00
Forderungen an Kunden	11.000,00
Kurzfristige Schulden bei:	
Kreditbank	16.000,00
Handelsbank	6.000,00

Aktiva		Bilanz		Passiva

S. 71

II-15

Beantworte die Fragen:

1. Wie werden die Bestandskonten eingeteilt?

_____

2. Wie nennt man die linke Seite eines Aktivkontos?

_____

3. Wie nennt man die linke Seite eines Passivkontos?

_____

4. Auf welcher Seite werden Mehrungen bei Passivkonten gebucht?

_____

5. Auf welcher Seite werden Minderungen bei Passivkonten gebucht?

_____

6. Steht der Anfangsbestand eines Aktivkontos im Soll oder im Haben?

_____

7. Auf welcher Seite werden Mehrungen bei Aktivkonten gebucht?

_____

8. Auf welcher Seite werden Minderungen bei Aktivkonten gebucht?

_____

1. Erstelle anhand nachfolgender Anfangsbestände eine Bilanz (Ausgangssituation):

   Aktiva: Maschinen 80.000,00 €, Geschäftsausstattung 44.800,00 €, Vorräte 60.200,00 €, Forderungen an Kunden 26.720,00 €, Bankguthaben 14.000,00 €, Bargeld 1.800,00 €,

   Passiva: Eigenkapital ? €, Langfristige Bankverbindlichkeiten 120.000,00 €, Verbindlichkeiten an Lieferer 48.460,00 €

Aktiva		Bilanz		Passiva

2. Zeichne die Konten und eröffne die aktiven und passiven Bestandskonten.

S		H		S		H

S		H		S		H

S		H		S		H

S		H

S		H

S		H

II-17

Überprüfe die Aussagen auf ihre Richtigkeit und begründe deine Entscheidung:

1. Bei einer Barabhebung vom Bankkonto ist das Konto Bank auf der Habenseite betroffen.

_____

_____

2. Wenn uns die Bank langfristige Bankverbindlichkeiten gutschreibt, nimmt das Bankkonto zu. Darum ist die Habenseite betroffen.

_____

_____

3. Eine Banküberweisung an unseren Lieferer bedeutet, unser Bankkonto ist im Haben betroffen, das Konto Verbindlichkeiten im Soll.

_____

_____

4. Wenn wir eine Lieferer- in eine kurzfristige Bankverbindlichkeit umwandeln, wird die Bilanzsumme nicht größer.

_____

5. Das Konto Verbindlichkeiten an Lieferer ist ein Passivkonto; darum nennt man seine rechte Seite auch Habenseite.

_____

II-18

Löse folgende Aufträge:

1. Erkläre den Unterschied zwischen Inventur, Inventar und Bilanz.

_____

_____

_____

_____

_____

_____

_____

_____

2. Erstelle ein Bilanzschema nach den Grundsätzen der Bilanzgliederung und trage darin alle dir bisher bekannten
   Bilanzposten ein.

A	Bilanz	P

3. Erkläre den Begriff „T-Konto-Form".

_____

_____

II-19

S. 76

Nachfolgend sind vier Belege abgebildet. Bestimme dazu
jeweils
1. Eigen-, Fremd- oder Notbeleg

_____

_____

_____

_____

2. Art des Beleges, z. B. Ausgangsrechnung

_____

_____

_____

_____

_____

II-20

Zeichne das Modell eines Fertigungsunternehmens.

Ergänze die Außenbeziehung des Unternehmens, indem du noch eine Geschäftsbank einzeichnest und die Belege von Aufgabe II-16 mit dem Modell in Verbindung bringst.

II-21

1. Gib die verschiedenen Arten von Belegen an und erläutere den Unterschied.

_____

_____

_____

_____

_____

_____

_____

2. Nenne die Aufgaben der Belege für die Buchführung.

_____

_____

_____

_____

_____

3. Erkläre folgende Aussage:

„Der Beleg stellt das Bindeglied zwischen Geschäftsfall und Kontoeintrag dar."

_____

_____

II-22

S. 76

Erarbeite ein Kurzreferat zum Thema „Arten und Aufgaben von Belegen in der Buchführung".

_____

_____

_____

_____

_____

_____

_____

_____

_____

_____

_____

_____

_____

_____

_____

_____

_____

_____

_____

II-23

Erkläre den Begriff Belegzwang in der Buchführung. Warum ist dieser Grundsatz nötig?

_____

_____

_____

_____

II-24

Suche im Buch beim Kapitel I, 1.5 die dort abgebildeten Belege, liste diese auf und gib jeweils die Art des Beleges an.

_____

_____

_____

II-25

Lies § 257 HGB aufmerksam durch und versuche den Gesetzestext in eigenen Worten wiederzugeben.

§ 257 HGB Aufbewahrung von Unterlagen, Aufbewahrungsfristen

(1) Jeder Kaufmann ist verpflichtet, die folgenden Unterlagen geordnet aufzubewahren:
1. Handelsbücher, Inventare, Eröffnungsbilanzen, Jahresabschlüsse ...
2. die empfangenen Handelsbriefe,
3. Wiedergaben der abgesandten Handelsbriefe,
4. Belege für Buchungen

(2) Handelsbriefe sind nur Schriftstücke, die ein Handelsgeschäft betreffen.

(3) Mit Ausnahme der Eröffnungsbilanzen, Jahresabschlüsse ... können die in Absatz 1 aufgeführten Unterlagen auch als Wiedergabe auf einem Bildträger oder auf anderen Datenträgern aufbewahrt werden, wenn dies den Grundsätzen ordnungsmäßiger Buchführung entspricht ...

_____

_____

_____

_____

_____

_____

_____

_____

Untersuche die Buchungen laut folgendem Kontoauszug

1. mit Wertstellung 06. 04. und

2. mit Wertstellung 08. 04.

und erkläre jeweils, welcher Geschäftsfall zugrunde liegt, wie eine mögliche Kurzform lauten könnte, welche Bilanzveränderungen durch den Geschäftsfall verursacht werden und welche Kontoseite jeweils betroffen ist.

Kontoauszug
11. April / 08:45 Uhr

Nummer 67   Konto 1270008374   Seite 1 / 1
Krönle Küchengeräte und Hotelleriebedarf e. K.

Bu. Tag	Wert	Bu. Nr.	Vorgang	Betrag €
01.04.	03.04	9967	Gutschrift: Überweisung von W. J. Schick für Rechnung vom 3. März 20..	5.950,00 +
03.04.	06.04	9966	Überweisung an Malka KG für R.-Nr. 85 vom 10.03.20..	285.600,00 -
06.04.	06.04	9966	Lastschrift für Lkw-Kauf, R.-Nr. 12 vom 25. Feb. 20..	147.560,00 -
07.04.	08.04	9968	Gutschrift für Rechnungsausgleich, Rechnungsnummer 212 vom 1. April 20..	93.415,00 +
09.04.	09.04	9970	Barauszahlung	3.000,00 -
10.04.	10.04	9990	Darlehensgutschrift	200.000,00 +

Kontokorrentkredit   EUR   50.000,00

Bahnhofstraße 22-24, 86000 Augsburg
Tel.: 0821 224455   FAX: 0821 224466

----
alter Kontostand   EUR   **420.000,00 +**

neuer Kontostand EUR   **283.205,00 +**

Lechbank Augsburg

Geschäftsfall:	Bilanzveränderung:	Betroffene Kontoseite:
Kurzform:		

Geschäftsfall:	Bilanzveränderung:	Betroffene Kontoseite:
Kurzform:		

II-27

Beantworte zu nachstehenden Geschäftsfällen folgende Fragen: Welche Bilanzposten werden berührt? Handelt es sich um Aktiv- oder Passivposten (A oder P)?
Um wie viel € wird dieser Bilanzposten vermehrt oder vermindert (+ .... € oder - .... €)?

1. Wir heben von unserem Bankkonto 700,00 € bar ab.

	Bilanzposten	Aktiv- / Passivposten	+ / - €
1.			

2. Von unserem Bankkonto überweisen wir 1.200,00 € an einen Lieferer.

	Bilanzposten	Aktiv- / Passivposten	+ / - €
2.			

3. Wir tilgen 2.000,00 € unserer langfristigen Bankverbindlichkeiten über 65.000,00 € durch Überweisung von unserem Bankkonto.

	Bilanzposten	Aktiv- / Passivposten	+ / - €
3.			

4. Bareinzahlung auf das Bankkonto, 200,00 €.

	Bilanzposten	Aktiv- / Passivposten	+ / - €
4.			

II-28

Untersuche nebenstehenden Beleg des Autohauses Freundlich und nenne dazu

1. die Art des Beleges,

2. den zugrundeliegenden Geschäftsfall,

3. die Kurzform,

4. die Bilanzveränderung und

5. die betroffenen Konten(-Seiten).

Dieselstraße 10
86154 Augsburg
Telefon 0821 912556
Telefax 0821 912566

Autohaus Freundlich e. K.
Neu- und Gebraucht-
wagenverkauf
Lkw - Busse

Autohaus Freundlich * Dieselstraße 10 * 86154 Augsburg

Krönle Küchengeräte und
Hotelleriebedarf e. K.
Augsburger Straße 12
86368 Gersthofen

RECHNUNG
12
Datum: 25. Februar 20..
(= Lieferdatum)

Fabrikat:	MMX
Fahrgestell-Nr.:	JMBG13D20000567542000
Modellbezeichnung:	40635XXL
Kfz-Brief:	FP280
Pol.-Kennzeichen:	A-KR 7610
Schlüssel-Nr.:	19879
Typ:	406 3,0i XXLX
Fahrzeugart:	Transporter
Karosserie/Aufbau:	3-türig
Farbcode:	SGH8
Farbe:	Magenta
Polsterung:	ANTHRAZIT GEMUSTERT
Bereifung:	395R15 78S
Motor/ccm/KW/PS :	DIESEL/2795/098/134

FAHRZEUGPREIS	124.000,00
Nettobetrag	124.000,00
USt. 19 %	23.560,00
Gesamtbetrag	147.560,00

Amtsgericht Augsburg HRA 1344
USt-IdNr. DE 810243520 Steuernr. 116/3902/5871
Zahlung fällig am 25. März 20.. rein netto
Bankverbindung: Sparkasse Augsburg (BLZ 705 543 08) Konto-Nr. 4805828401

II-29

Beantworte die Fragen:

1. Wie viele Bilanzposten werden durch einen Geschäftsfall verändert?

_____

2. Wie kann die Mehrung eines Aktivpostens durch die Veränderung eines anderen Bilanzpostens ausgeglichen werden?

_____

_____

3. In welcher Weise kann sich die Minderung eines Passivpostens bei einem anderen Bilanzposten auswirken?

_____

_____

II-30

Bilde zu den weiteren fünf Vorkontierungen der Seite 80 im Buch die Buchungssätze.

1.	BK	5.950,00 €		an	FO	5.950,00 €	

II-31

Zeichne die Konten zu den Geschäftsfällen von II-30 und buche in den Konten.

S			H		S			H
AB	230.000,00	2. VE	285.600,00				AB	1.800.000,00
1. FO	5.950,00							

S			H		S			H
AB	425.000,00	1. BK	5.950,00		2. BK	285.600,00	AB	527.000,00

S			H
AB	5.000,00		

II-32

Erstelle zu den nachstehenden Geschäftsfällen die Buchungssätze:

1. Barabhebung von unserem Bankkonto, 3.000,00 €
2. Umwandlung einer Liefererschuld in eine kurzfristige Bankverbindlichkeit, 5,000,00 €
3. Tilgung einer langfristigen Bankverbindlichkeit durch Banküberweisung, 2.000,00 €
4. Banküberweisung an den Lieferer, 2.000,00 €
5. Verkauf einer Fertigungsmaschine gegen Bankscheck, 4.000,00 €
6. Kauf eines Computers für das Büro gegen Kassenquittung, 6.000,00 €

II-33

Errichte die Konten. Erstelle die Buchungssätze zu den Geschäftsfällen 1. bis 4. und buche in Konten. Anfangsbestände des Unternehmens Michaela Stollner, Würzburg: Vorräte 2.400,00 €, Forderungen 1.500,00 €, Kasse 3.600,00 €, Bankguthaben 4.000,00 €, Verbindlichkeiten 2.900,00 €

1. Eröffnung eines Bankkontos durch Bareinzahlung 3.300,00 €
2. Barzahlung eines Kunden 1.200,00 €

3. Barabhebung bei der Bank 700,00 €
4. Banküberweisung an einen Lieferer 1.100,00 €

Arbeitsanweisung für die Aufgaben II-34 und II-35:

1. Stelle eine (Eröffnungs-)Bilanz auf.
2. Eröffne die aktiven und passiven Konten.
3. Erstelle jeweils den Buchungssatz mithilfe folgender Überlegungen:
   a) Welche Konten werden durch den Geschäftsfall berührt?
   b) Handelt es sich um ein aktives oder passives Bestandskonto?
   c) Liegt eine Mehrung (+) oder eine Minderung (-) vor?
   d) Auf welcher Kontenseite wird deshalb gebucht?
      Formuliere die Buchungssätze immer so, dass zuerst die Sollbuchung (links),
      dann die Habenbuchung (rechts) zu erfolgen hat.
4. Buche dann die Geschäftsfälle in den Konten.

II-34

S. 84

Anfangsbestände des Unternehmens Ingrid Graf, Forchheim:

Aktiva: Vorräte 8.400,00 €, Forderungen 1.400,00 €, Kasse 800,00 €, Bank 3.700,00 €, Büroausstattung 40.000,00 €, Maschinen und Anlagen 50.000,00 €

Passiva: Verbindlichkeiten 4.300,00 €, Eigenkapital? €, kurzfristige Bankverbindlichkeiten 10.000,00 €, langfristige Bankverbindlichkeiten 30.000,00 €

Geschäftsfälle:

1. Die Bank schreibt einen kurzfristigen Kredit gut, 18.000,00 €
2. Barzahlung eines Kunden, 700,00 €
3. Einkauf einer Fertigungsmaschine gegen Bankscheck, 15.000,00 €
4. Banküberweisung an einen Lieferer, 1.100,00 €
5. Teilweise Tilgung der langfristigen Bankverbindlichkeit durch Banküberweisung, 1.300,00 €
6. Kauf eines Schreibtisches bar, 1.400,00 €

Aktiva		Bilanz		Passiva

S		H	S		H

S		H	S		H

S		H	S		H

S		H	S		H

53

S			H	S			H

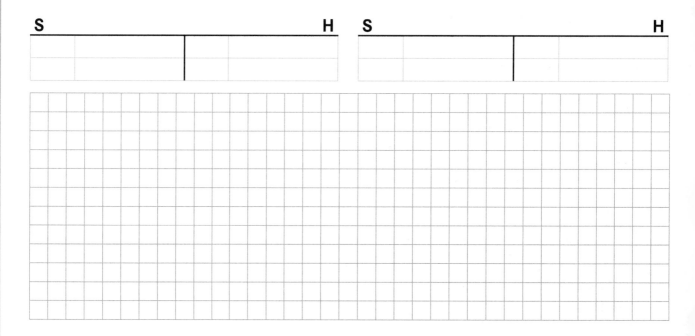

S. 84

II-35

Inventurbestände des Unternehmens Otto Fuchs, Aschaffenburg:

Vorräte 6.300,00 €, Büroausstattung 3.000,00 €, Bargeld 3.400,00 €, Bankguthaben 2.800,00 €,

Forderungen 4.200,00 €, Eigenkapital ? €, Verbindlichkeiten bei Lieferern 14.500,00 €, Büromaschinen 30.000,00 €,

kurzfristige Bankverbindlichkeiten 30.000,00 €

Geschäftsfälle:

1. Ein Kunde hat auf das Bankkonto überwiesen, 800,00 €.
2. Zahlung an einen Lieferer bar, 400,00 €
3. Einkauf eines Schreibtisches bar, 900,00 €
4. Bareinzahlung bei der Bank, 2.000,00 €
5. Kauf eines Laserdruckers für die Verwaltung per Bankscheck, 1.500,00 €
6. Zahlung eines Kunden bar, 700,00 €
7. Barabhebung von der Bank, 600,00 €
8. Umwandlung einer Liefererschuld in eine kurzfristige Bankverbindlichkeit, 10.000,00 €
9. Bareinzahlung auf das Bankkonto 500,00 €
10. Banküberweisung: teilweise Kreditrückzahlung (siehe 8.), 250,00 €

Aktiva		Bilanz		Passiva

S   H   S   H

S   H   S   H

S   H   S   H

S   H   S   H

S   H

1. Erstelle anhand nachfolgender Anfangsbestände eine Bilanz (Ausgangssituation):

Aktiva: Maschinen 80.000,00 €, Geschäftsausstattung 44.800,00 €, Vorräte 60.200,00 €, Forderungen 26.720,00 €, Bankguthaben 14.000,00 €, Bargeld 1.800,00 €.

Passiva: Eigenkapital ? €, langfristige Bankverbindlichkeiten 120.000,00 €, Verbindlichkeiten 48.460,00 €.

Aktiva		**Bilanz**		**Passiva**

2. Eröffne die Konten, bilde zu den folgenden Geschäftsfällen die Buchungssätze und buche in Konten:

   a) Einer unserer Kunden bezahlt seine Schulden bei uns bar, 800,00 €.

   b) Wir wandeln eine Liefererschuld von uns in eine kurzfristige Darlehensschuld bei unserer Bank um, 30.000,00 €.

   c) Wir begleichen unsere Schuld bei einem unserer Lieferer durch Banküberweisung, 1.020,00 €.

   d) Wir nehmen bei unserer Bank ein neues langfristiges Darlehen auf, 150.000,00 €.

S		H		S		H

S		H		S		H

S		H		S		H

S		H		S		H

S		H		S		H

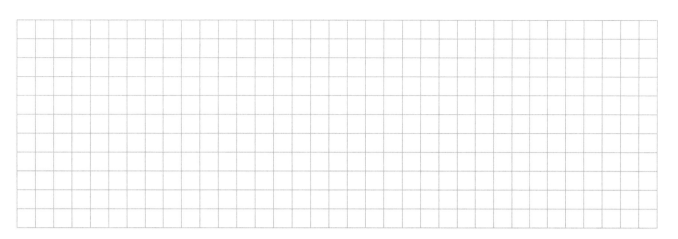

Einbaugeräte

Kümax e. K.

80637 München
Dachauer Straße 285
Tel.: 089 152978

Krönle Küchengeräte und
Hotelleriebedarf e. K.
Augsburger Straße 12
86368 Gersthofen

26. April 20..

Rechnung Nr. 417

Ihre Anfrage:	15. April 20..
Unser Angebot:	18. April 20..
Lieferdatum:	23. April 20..

Menge	m³	Einzelpreis €	Gegenstand	Gesamtpreis €
1	x	795,00	Einbaukühlschrank „Maxi"	795,00
1	x	698,00	Einbauherd „Ceran Plus"	698,00
1	x	999,00	Kühlkombination „Fiesco"	999,00
			Warenwert netto	2.492,00
			+ Frachtkosten	0,00
			+ 19 % Umsatzsteuer	473,48
			Rechnungsbetrag	**2.965,48**

Zahlung fällig am 26. Mai 20..
Bei Zahlung bis zum 5. Mai 20..
gewähren wir 2 % Skonto.

Registergericht München HRA 1255

Bankverbindung:
Handelsbank München
Konto 338 266
BLZ 342 800 00
USt-IdNr. DE 376148850
Steuernr. 133/4075/0962

Die Kantine des Unternehmens Krönle wird neu ausgestattet. Dem Unternehmen liegt dieser Beleg vor.

1. Um welche Belegart handelt es sich?

_____

_____

2. Welche Lieferbedingungen liegen dem Geschäft zugrunde?

_____

_____

_____

3. Formuliere zum Beleg den Geschäftsfall.

_____

_____

_____

_____

4. Bilde zum Beleg den Buchungssatz.

5. Das Unternehmen zahlt gegen Banküberweisung. Bilde hierfür den Buchungssatz.

6. Buche Fall 4. und 5. in Konten (errichte gegebenenfalls weitere Konten)

S			H

S			H

S			H

7. Nehmen wir an, dass ein Kühlschrank für Sonjas Privathaushalt gekauft wurde. Welche Auswirkungen hätte dies für die Buchführung des Unternehmens Krönle?

_____

_____

_____

S. 85 **II-38**

Bilde die Buchungssätze zu folgenden Geschäftsfällen:

1. Bareinzahlung auf unser Bankkonto, 800,00 €
2. Zielverkauf eines gebrauchten Firmen-Lkw, 12.000,00 €
3. Der Kunde von 2. überweist auf unser Bankkonto 12.000,00 €.
4. Wir zahlen an unseren Lieferer durch Banküberweisung 990,00 €.
5. Teilweise Tilgung einer langfristigen Bankverbindlichkeit, 1.000,00 €
6. Eingangsrechnung von der Firma Blau: Kauf einer Stanzmaschine für die Fertigung, 213.450,00 €
7. Barabhebung vom Bankkonto, 500,00 €
8. Wir überweisen an unseren Lieferer Blau 213.450,00 €.

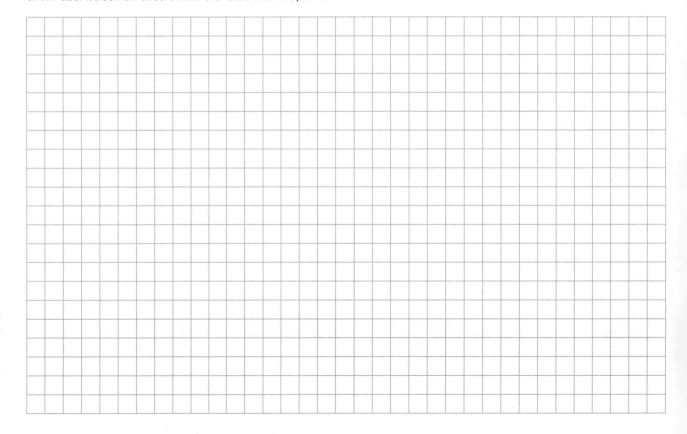

II-39

Formuliere für folgende Buchungssätze die zugrunde liegenden Geschäftsfälle:

1. BK   4.000,00 €   an   KA   4.000,00 €
2. VE   2.000,00 €   an   BK   2.000,00 €
3. BK   3.000,00 €   an   FO   3.000,00 €
4. KA   1.000,00 €   an   BK   1.000,00 €
5. BK   4.000,00 €   an   KBKV   4.000,00 €

_____

_____

_____

_____

_____

_____

II-40

Formuliere die zugrunde liegenden Geschäftsfälle für die Eintragungen 1. bis 3. im Konto Bank:

S	Bank	H
1. KA 2.000,00 €	2. VE	2.000,00 €
3. FO 3.000,00 €		

_____

_____

_____

_____

_____

_____

II-41

Formuliere die Geschäftsfälle zu folgenden Buchungssätzen (Beträge in €):

1. Kasse   300,00   an   Bank   300,00
2. Verbindlichkeiten 800,00   an   Bank   800,00
3. Maschinen   3.000,00   an   Bank   3.000,00
4. Bank   2.300,00   an   Forderungen   2.300,00
5. Bank   20.000,00   an   Langfr. Bankverbindlichkeit 20.000,00
6. Kasse   3.000,00   an   Forderungen   3.000,00
7. Bank   950,00   an   Kasse   950,00
8. Büroausstattung   22.000,00   an   Kasse   22.000,00
9. Kurzfr. Bankverb. 7.000,00   an   Bank   7.000,00

_____

_____

_____

_____

_____

_____

_____

_____

_____

_____

_____

_____

_____

_____

_____

_____

_____

_____

_____

_____

_____

S. 87 **II-42**

Auf welchen Geschäftsfällen beruhen die Eintragungen 1 bis 4 im nachfolgenden Konto Verbindlichkeiten?

S	Verbindlichkeiten (VE)		H
1. Bank	1.200,00 €	Anfangsbestand	16.000,00 €
3. Kasse	2.000,00 €	2. Maschinen	9.800,00 €
4. Bank	850,00 €		

_____

_____

_____

_____

_____

_____

_____

II-43

Auf welchen Geschäftsfällen beruhen die Eintragungen 1 bis 5 im nachfolgenden Konto Kasse?

S	Kasse (KA)		H
Anfangsbestand	2.300,00 €	2. Bank	600,00 €
1. Bank	1.200,00 €	3. Verbindlichkeiten	800,00 €
4. Forderungen	800,00 €		
5. Langfr. Bankverb.	15.000,00 €		

_____

_____

_____

_____

_____

II-44

Erkläre folgende Begriffe:

1. Inventar   4. Buchungssatz

2. Vorkontierung   5. Grundsätze ordnungsmäßiger Buchführung

3. Bilanz   6. Belegzwang

_____

_____

_____

_____

_____

_____

_____

_____

_____

_____

_____

_____

II-45

Begründe folgende Aussage: „Die Buchführung ist an strenge logische und formale Regeln gebunden und erfordert konzentriertes, sorgfältiges Arbeiten."

_____

_____

_____

II-46

Bilde die Buchungssätze zu den Belegen 1 und 2:

Beleg 1

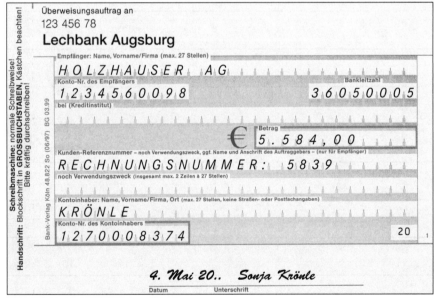

Beleg 2

Bilde die Buchungssätze zu den Belegen 1 und 2:

Dieselstraße 10
86154 Augsburg
Telefon 0821 912556
Telefax 0821 912566

**Autohaus
Freundlich e. K.**
Neu- und Gebraucht-
wagenverkauf
Lkw - Busse

Autohaus Freundlich * Dieselstraße 10 * 86154 Augsburg

Krönle Küchengeräte und
Hotelleriebedarf e. K.
Augsburger Straße 12
86368 Gersthofen

RECHNUNG
12
Datum: 25. Februar 20..
(= Lieferdatum)

Fabrikat:	MMX
Fahrgestell-Nr.:	JMBG13D20000567542000
Modellbezeichnung:	40635XXL
Kfz-Brief:	FP280
Pol.-Kennzeichen:	A-KR 7610
Schlüssel-Nr.:	19879
Typ:	406 3,0i XXLX
Fahrzeugart:	Transporter
Karosserie/Aufbau:	3-türig
Farbcode:	SGH8
Farbe:	Magenta
Polsterung:	ANTHRAZIT GEMUSTERT
Bereifung:	395R15 78S
Motor/ccm/KW/PS :	DIESEL/2795/098/134

FAHRZEUGPREIS		**124.000,00 €**
	Nettobetrag	**124.000,00 €**
	USt. 19 %	**23.560,00 €**
	Gesamtbetrag	**147.560,00 €**

Amtsgericht Augsburg HRA 1344
USt-IdNr. DE 810243520   Steuernr. 116/3902/5871
Zahlung fällig am 25. März 20.. rein netto
Bankverbindung: Sparkasse Augsburg (BLZ 705 543 08) Konto-Nr. 4805828401

Beleg 1

Netto €	**1.280** Cent **00**	**Quittung**
+ 19 % USt.	**243** Cent **20**	
Gesamt €	**1.523** Cent **20**	

Gesamtbetrag € in Worten
Eintausendfünfhundertdreiundzwanzig--   Cent
                                                          wie oben
(im Gesamtbetrag sind ___19___ % Mehrwertsteuer enthalten)

von **Firma Krönle**

für **Kauf eines Computerschreibtisches (Büro)**

richtig erhalten zu haben, bestätigt

Ort **Augsburg**   Datum **2. Februar 20..**

Buchungsvermerke   Stempel/Unterschrift des Empfängers
                          Xaver Huber
                          Bürohaus Elegance

Beleg 2

II-48

Bilde zu den folgenden Geschäftsfällen die Buchungssätze:

1. Ein Kunde begleicht eine Rechnung über 2.380,00 €. Er stellt einen Verrechnungsscheck aus über 550,00 €, den Rest zahlt er bar.

2. Wir kaufen bei einem Lieferer auf Ziel ein:
   - Fertigungsmaschinen, netto 125.000,00 €
   - Regale für die Fertigungshalle, netto 120,00 €
   - Büroschreibtisch, netto 1.200,00 €
   - Computeranlage (Büro), netto 16.700,00 €
   - Ausstattung für Besprechungszimmer, netto 43.000,00 €

3. Wir haben bei einem Lieferer insgesamt 25.300,00 € Verbindlichkeiten, die wir begleichen müssen. Dazu zahlen wir bar 5.000,00 €, 15.000,00 € durch Banküberweisung und den Rest per Bankscheck.

II-49

Bilde zu folgenden Geschäftsfällen die Buchungssätze:

1. Eröffnung eines Bankkontos durch Bareinzahlung, 3.300,00 €
2. Barzahlung eines Kunden, 1.200,00 €
3. Barabhebung bei der Bank, 700,00 €
4. Banküberweisung an einen Lieferer, 1.100,00 €
5. Die Bank schreibt einen kurzfristigen Kredit gut, 18.000,00 €.
6. Einkauf einer Fertigungsmaschine gegen Bankscheck, netto 15.000,00 €
7. Teilweise Tilgung des kurzfristigen Kredits durch Banküberweisung, 1.300,00 €
8. Kauf eines Schreibtisches bar, netto 1.400,00 €
9. Ein Kunde hat auf das Bankkonto überwiesen, 800,00 €.
10. Zahlung an einen Lieferer bar, 400,00 €
11. Bareinzahlung bei der Bank, 2.000,00 €
12. Kauf eines Laserdruckers für die Verwaltung per Bankscheck, netto 1.500,00 €
13. Zahlung eines Kunden bar, 700,00 €
14. Umwandlung einer Liefererschuld in eine kurzfristige Bankverbindlichkeit, 10.000,00 €
15. Banküberweisung: teilweise Darlehensrückzahlung (siehe 5.), 250,00 €

II-50

Berechne jeweils die fehlenden Werte bei einem Umsatzsteuersatz von 19 %.

	Nettowert (€)	Umsatzsteuer (€)	Bruttowert (€)
1.	2.600,00	?	?
2.	?	?	11.186,00
3.	?	2.280,00	?
4.	?	?	266,56

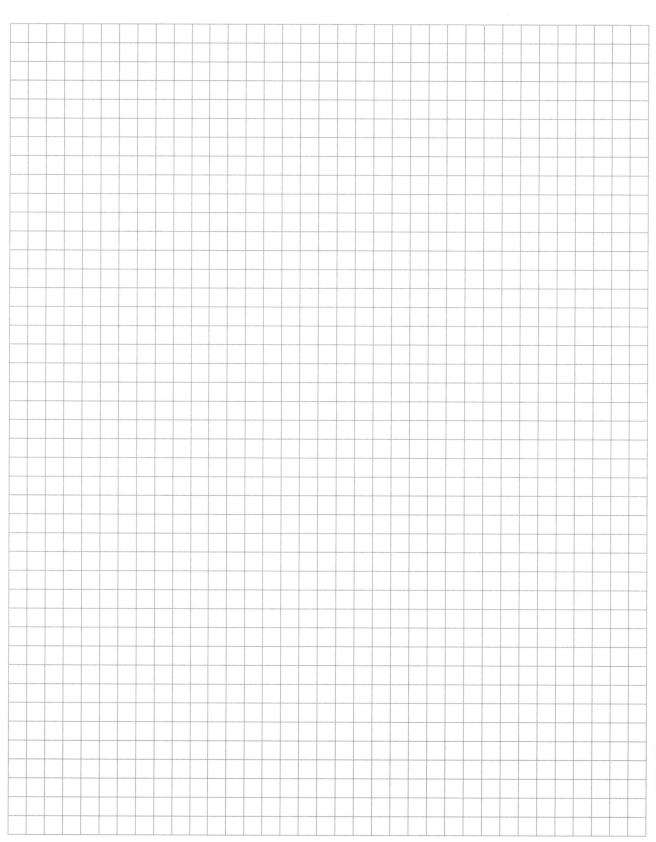

II-51

Der folgende Kontoauszug lässt auf sechs Geschäftsfälle im Unternehmen Krönle schließen.

```
○  Kontoauszug                    Nummer 145   Konto 1270008374   Seite 1 / 1
   23. Mai / 08:45 Uhr            Krönle Küchengeräte und Hotelleriebedarf e. K.

   Bu. Tag  Wert  Bu. Nr.  Vorgang                                  Betrag €

   08.05.   08.05.  9990   Bareinzahlung                            10.000,00 +
   10.05.   11.05.  9968   Lastschrift (Dauerauftrag): Abbuchung für Darlehens-  8.000,00 -
                           rückzahlung
   11.05.   13.05.  9967   Gutschrift: Überweisung von Maxl Graf für Rechnung    870,00+
                           v. 31. Mai 20.. (gebr. Lagerregale)
   12.05.   14.05.  9968   Überweisung an Fa. Senftl (Maschinenfabrik) zum       222.530,00-
                           Rechnungsausgleich, Rechnungsnr. 754 v. 8. März 20..
   14.05.   15.05.  9980   Bareinzahlung vom Kunden Maier                        8.120,00+
   18.05.   22.05.  9990   Scheckgutschrift für Verkauf eines gebrauchten        1.000,00 +
                           Kopiergerätes

   Kontokorrentkredit   EUR  50.000,00         ------------------------------
                                               alter Kontostand  EUR  287.125,00 +
   Bahnhofstraße 22-24, 86000 Augsburg
○  Tel.: 0821 224455   FAX: 0821 224466        neuer Kontostand EUR   76.585,00 +
                                               ------------------------------

                                               Lechbank Augsburg
```

1. Nenne entsprechend der Wertstellung im Kontoauszug die sechs Geschäftsfälle.

_____

_____

_____

_____

_____

_____

_____

_____

_____

_____

_____

_____

_____

_____

2. Bilde zu den Geschäftsfällen

   a) die Vorkontierungen auf einem Vorkontierungsblatt,

Bu.-art	Datum	Soll	Haben	Bu.-Nr.		Betrag(R)	UCo
					B/N		

b) die Buchungssätze.

3. Laut Kontoauszug liegen Zahlungen von Maxl Graf und an die Fa. Senftl vor.
   Welche vorangegangenen Geschäftsfälle könnten die Zahlungen jeweils ausgelöst haben:
   a) vom Kunden Maxl Graf (Wert 13.05.),
   b) an die Firma Senftl (Wert 14.05.)?

4. Bei der Überweisung der Firma Senftl über 222.530,00 € ist die Vorsteuer mit enthalten.
   a) Berechne den Nettowert,
   b) berechne die Höhe der Umsatzsteuer in € (19 % Umsatzsteuer).

5. Nenne die Art der Umsatzsteuer.

II-52

Bearbeite folgende Aufträge zu
nebenstehendem Beleg:

1. Um welche Belegart handelt es sich?

_____

_____

2. Formuliere den Geschäftsfall,
   der dem Beleg zugrunde liegt.

_____

_____

_____

_____

_____

_____

_____

Krönle

Küchengeräte und Hotelleriebedarf e. K.

Krönle e. K., Augsburger Straße 12, 86368 Gersthofen

Martin Wagner
Alpenweg 8
80688 München

RECHNUNG Nr. 3366

Krönle Küchengeräte und
Hotelleriebedarf e. K.
Augsburger Straße 12
86368 Gersthofen
Amtsgericht Augsburg HRA 3345
☎ 0821 497244
🖷 0821 497255
🖳 www.kroenle-online.de

Gersthofen, 26. Juni 20..

Für die Lieferung vom 19. Juni erlauben wir uns, Ihnen zu berechnen:

Artikel	Artikel-Nr.	Einzelpreis €	Stück	Gesamtpreis €
gebrauchte Registraturschränke	BK-0012	355,00	40	14.200,00
Warenwert netto				14.200,00
Umsatzsteuer 19 %				2.698,00
				16.898,00

Zahlung fällig am 26. Juli 20.. rein netto
Bei Bezahlung bis zum 6. Juli 20.. gewähren wir 2 % Skonto.
Die gelieferte Ware bleibt bis zur vollständigen Bezahlung unser Eigentum.
Lieferung frei Haus

Bankverbindung: Konto-Nr.: 1270008374 Lechbank Augsburg · BLZ 790 550 00

Ust-IdNr. DE 233555621 Steuernr. 178/2945/3428

3. Wie lautet die Vorkontierung zum Beleg?

Bu.-art	Datum	Soll	Haben	Bu.-Nr.		Betrag(R)	UCo
					B/N		

4. Erstelle den Buchungssatz zum Beleg.

5. Welche Lieferbedingungen gelten laut Beleg?

_____

6. Wie lange hat Martin Wagner Zeit, den Rechnungsbetrag zu begleichen?

_____

_____

Du bist Mitarbeiter im Unternehmen Krönle und sollst künftig Rechnungen an Kunden erstellen. Dazu musst du jeweils alle Werte bis hin zum Rechnungsbetrag berechnen.

1. Erstelle ein Rechenblatt (Tabellenkalkulation), mit dem du diese Berechnungen durchführen kannst.

2. Zeige anhand des Rechenblattes, wie du die Zellen für die Ausgabefelder programmiert hast (Formeldarstellung).

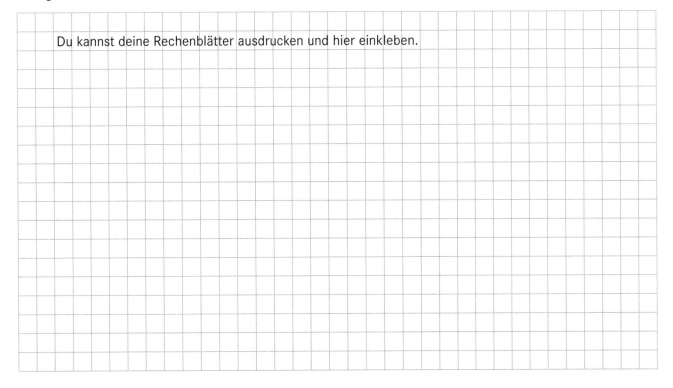

Du kannst deine Rechenblätter ausdrucken und hier einkleben.

Der Buchhaltung der Fa. Krönle liegt nebenstehender Beleg vor. Folgende Arbeiten sind zu erledigen:

1. Kontrolle des Beleges auf rechnerische Richtigkeit,

2. Formulieren des zugrunde liegenden Geschäftsfalles,

3. Bilden des Buchungssatzes.

4. Folgende Fragen sind zu klären:
   a) Welche Art von Beleg liegt vor?
   b) Wie ist der Geschäftsfall in den Konten zu buchen?

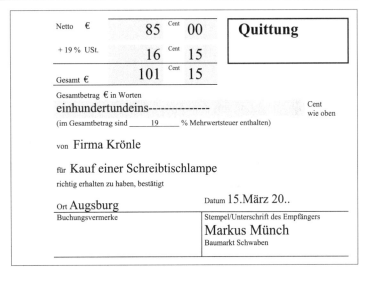

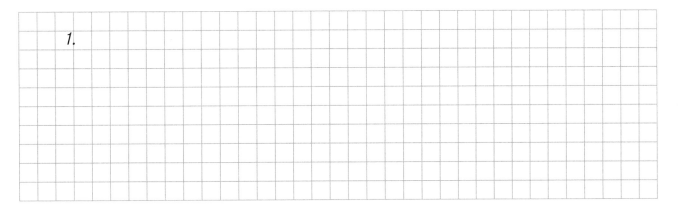

1.

2.

3.

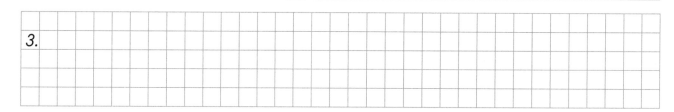

4. a) _____

   b)

S			H

S			H

S			H

S. 93

II-55

Du bist Mitarbeiter im Unternehmen Krönle (Buchhaltung). Bearbeite nebenstehenden Beleg.

1. Überprüfe den Beleg hinsichtlich der rechnerischen Richtigkeit.

2. Entwerfe einen Buchungsstempel zum Beleg.

3. Bilde den Buchungssatz.

4. Du legst den Beleg mit den eigenen Bearbeitungsergebnissen dem Abteilungsleiter vor. Dieser möchte Erklärungen haben.
   a) Um welche Art von Beleg handelt es sich?
   b) Welcher Geschäftsfall liegt vor?
   c) Wie ist der Geschäftsfall in den Konten zu buchen?
   d) Welche Art von Umsatzsteuer ist gegeben?

Drosselgasse 5
86154 Augsburg
Telefon: 0821 912577
Telefax: 0821 912578

**Systemhaus
Bytes und Bits**
Computersysteme für
Jedermann

Systemhaus Bytes und Bits * Drosselgasse 5 * 86154 Augsburg

Krönle Küchengeräte und
Hotelleriebedarf e. K.
Augsburger Straße 12
86368 Gersthofen

RECHNUNG
000712
Datum: 19. März 20..
(= Lieferdatum)

Fabrikat: xxxL-Savoy
Typ und Ausstattung   laut Angebot vom 12. März

Gesamtpreis	14.999,00
Installation und Einbau frei	00,00

	Nettobetrag	14.999,00
	USt. 19 %	2.849,81
	Gesamtbetrag	17.848,81

Amtsgericht Augsburg HRA 1344
USt-IdNr. DE 889476298 Steuernr. 384/9374/0092
Rechnung fällig am 27. März 20.. ohne Abzug
Bankverbindung: Sparkasse Augsburg (BLZ 705 543 08) Konto-Nr. 4805828401

1.

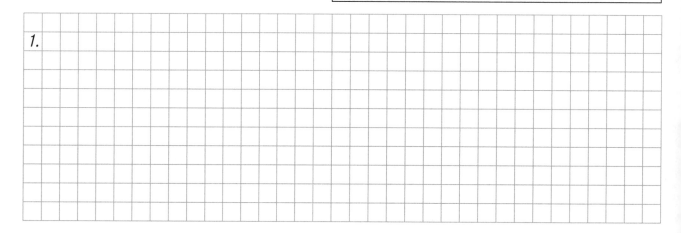

2. *Buchungsstempel:*

3.

4. a) _____

   b) _____

   c)

S		H

S		H

S		H

   d) _____

_____

II-56

S. 93

Bei der Berechnung der Umsatzsteuer kann mit dem vollen (19 %) und mit dem ermäßigten Steuersatz (7 %) gerechnet werden. Berechne die fehlenden Werte:

	Nettowert (€)	Umsatzsteuer (€)		Bruttowert (€)
		bei 7 %	bei 19 %	
1.	12.000,00		?	?
2.	4.300,00		?	?
3.	?		?	266,56
4.	?	140,00		?
5.	?		1.805,00	?
6.	530,00		?	?
7.	?	43,40		?
8.	?	?		5.992,00

	Nettowert (€)	*Umsatzsteuer (€)*		*Bruttowert (€)*
		7 %	*19 %*	
1.	*12.000,00*			
2.	*4.300,00*			
3.				*266,56*
4.		*140,00*		
5.			*1.805,00*	
6.	*530,00*			
7.		*43,40*		
8.				*5.992,00*

Bilde die Buchungssätze zu den folgenden Belegen 1 und 2:

Überweisungsauftrag an **790 550 00**
Lechbank Augsburg

Ang. GS / Hz

Empfänger: Name, Vorname/Firma (max. 27 Stellen)
F A R B E N   M A I E R   K G

Konto-Nr. des Empfängers
2 2 5 4 5 6 1 0 9 4   Die Durchschrift ist für Ihre Unterlagen bestimmt.   Bankleitzahl
5 5 0 8 0 0 0 5

bei (Kreditinstitut)
W I R T S C H A F T S B A N K   A U G S B U R G

EUR   2 . 3 7 4 , 0 0

Kunden-Referenznummer - noch Verwendungszweck, ggf. Name und Anschrift des Auftraggebers - (nur für Empfänger)
R E C H N U N G S – N R : 4 4 3 8

noch Verwendungszweck (insgesamt max. 2 Zeilen à 27 Stellen)

Kontoinhaber: Name, Vorname/Firma, Ort (max. 27 Stellen, keine Straßen- oder Postfachangaben)
K R Ö N L E

Konto-Nr. des Kontoinhabers
1 2 7 0 0 0 8 3 7 4   20

Bitte NICHT VERGESSEN:
Datum/Unterschrift

Datum / Unterschrift
20. Mai 20.. Sonja Krönle

Beleg 1

Toni Schreiber e. K.
Büroeinrichtungen
Würzburg

Toni Schreiber, Bahnhofsstraße 14, 97070 Würzburg

Krönle Küchengeräte und
Hotelleriebedarf e. K.
Augsburger Straße 12
86368 Gersthofen

Amtsgericht Würzburg HRA 2268

Bahnhofstr.14
97070 Würzburg
Telefon: 0931 702557

Kontoverbindungen:
Hausbank Würzburg (BLZ 790 320 33)
Konto-Nr. 99-155 742

Rechnung
für die Lieferung vom 8. August 20..

Datum   10. August 20..

Nr. 379

Art.-Nr.	Gegenstand	Menge	Preis je Einheit	Betrag €
B233-01	Büroeinrichtung „Sekretariat" mit - 1 Schreibtisch - 1 Konferenztisch - 1 Bürostuhl - 6 Konferenzstühle - 1 Aktenschrank	1	6.550,00	6.550,00
				6.550,00
			+ 19 % Umsatzsteuer	1.244,50
			Rechnungsbetrag	7.794,50

Lieferung frei Haus

Vielen Dank für Ihren Auftrag
Zahlung fällig am 24. August 20.. ohne Skontoabzug
USt-IdNr. DE 527395708   Steuernr. 142/803/6721/3478

Bitte bei Zahlungen und Schriftwechsel stets die Rechnungsnummer mit angeben.

Die Ware bleibt bis zur endgültigen Bezahlung Eigentum von Toni Schreiber e. K.

Beleg 2

Beleg 1:

Beleg 2:

Du hast die Aufgabe, einen neuen Mitarbeiter in der Abteilung Rechnungswesen im Unternehmen Krönle mit den Grundsätzen der Buchführung vertraut zu machen.

1. Erstelle ein Kurzreferat, in dem du die Vorgehensweise bei der Bearbeitung von Belegen bis hin zum Buchen in Konten darstellst.
2. Erstelle ein Informationsblatt, das alle wichtigen Arbeitsschritte und die wichtigsten Grundregeln der Buchführung beinhaltet.

1.

_____

_____

_____

_____

_____

_____

_____

_____

_____

_____

_____

_____

_____

_____

_____

_____

_____

_____

_____

_____

_____

2.

Erkläre die Fachbegriffe:

1. Umsatzsteuer,

_____

_____

_____

_____

_____

2. Vorsteuer,

_____

_____

_____

3. Beleg,

_____

_____

4. Buchführungspflicht,

_____

_____

_____

5. HGB,

_____

_____

_____

6. Buchungssatz.

_____

_____

_____

II-60

Bilde die Buchungssätze zu den folgenden Geschäftsfällen:

1. Kauf eines Kopierers für netto 2.000,00 €. Barzahlung 1.500,00 €, den Rest per Bankscheck
2. Eröffnung eines Bankkontos durch Bareinzahlung 5.000,00 €
3. Verkauf eines gebrauchten Büroschreibtisches für netto 500,00 €
4. Kauf eines Gabelstaplers gegen Rechnung für netto 4.000,00 €
5. Ein Kunde begleicht eine Rechnung in Höhe von 10.000,00 € durch Barzahlung von 2.000,00 €, den Rest durch Bankscheck.
6. Kauf eines Kleinroboters für die Fertigung gegen Rechnung, 50.000,00 € netto
7. Begleichung einer Liefererrechnung in Höhe von 14.000,00 € durch Banküberweisung
8. Verkauf eines gebrauchten PC für netto 150,00 € gegen Barzahlung
9. Barabhebung vom Geldautomaten, 1.000,00 €
10. Kauf eines kleinen Grundstückes als Betriebsparkplatz für 20.000,00 € gegen Bankscheck

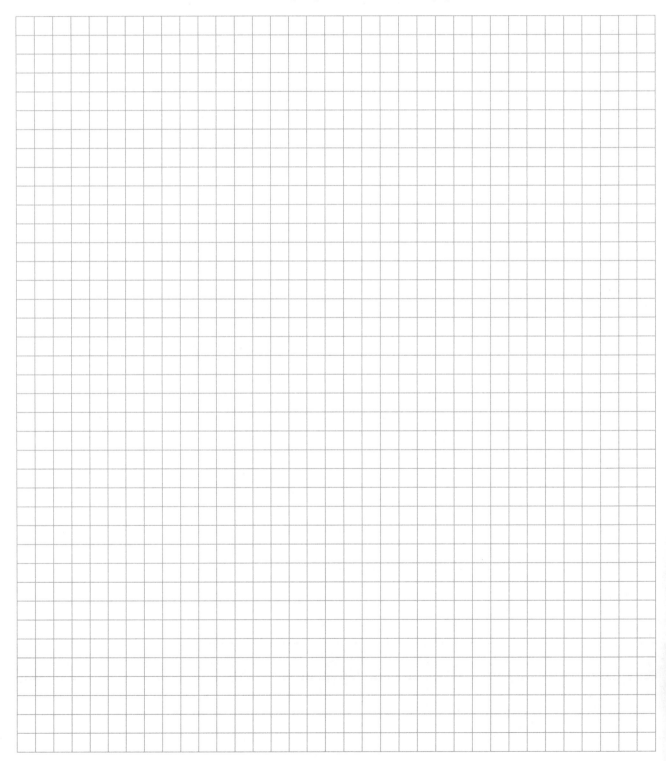

III Beschaffung und Einsatz von Werkstoffen

III-1
S. 106

Bilde die Buchungssätze für folgende Geschäftsfälle im Unternehmen Krönle.

1. Zieleinkauf von Stahltafeln, Nettowarenwert, 37.000,00 €
2. Ausgleich der Verbindlichkeiten von 1. durch Banküberweisung
3. Zieleinkauf von Plastikgriffen für Bestecke, der Rechnungsbetrag lautet auf 4.165,00 €.
4. Ausgleich der Verbindlichkeiten von 3. durch Banküberweisung
5. Es geht eine Rechnung vom Hilfsstofflieferer über 1.594,60 € ein.
6. Ausgleich der Verbindlichkeiten von 5. durch Banküberweisung
7. Krönle kauft Spezialkleber auf Ziel, netto 2.300,00 €.
8. Ausgleich der Verbindlichkeit von 7. durch Banküberweisung

III-2

Bilde die Buchungssätze für folgende Geschäftsfälle bei Krönle:

1. Zieleinkauf von Rohstoffen, Listenpreis netto 12.000,00 €
2. Sonja Krönle begleicht die offene Rechnung zu 1. per Banküberweisung.
3. Zieleinkauf von Betriebsstoffen, Listenpreis netto 670,00 €
4. Beleg 1
5. Beleg 2

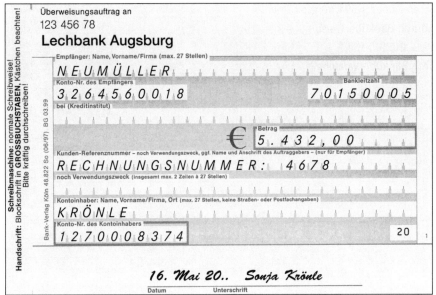

Beleg 1

Kunststoff AG

Am Ruhrufer 55
45276 Essen

Tel.: 0201 614466
Fax: 0201 614467

Krönle Küchengeräte und
Hotelleriebedarf e. K.
Augsburger Straße 12
86368 Gersthofen

Essen, 27. Mai 20..

Rechnung

Rechnungsnummer: 23456
Kundennummer: 1277

Kunststoff AG
Am Ruhrufer 55
45276 Essen
Amtsgericht Essen HRB 3466
☎ 0201 614466
🖷 0201 614467

Wir lieferten Ihnen am 20. Mai 20..:

Pos.	Stück	Einzelpreis €	Gegenstand	Gesamtpreis €
1	2000	1,35	Kunststoffgriffe für Messer M34	2.700,00
			Warenwert netto	2.700,00
			+ 19 % Umsatzsteuer	513,00
			Rechnungsbetrag	**3.213,00**

Vorstand: Prof. Dr. Herbert Naulich; Dr. Franz Käfer
Aufsichtsratsvorsitzender: Prof. Dr. Helmut Steiner

Zahlungsbedingungen: Zahlung fällig am 27. Juni 20..
Die Ware bleibt bis zur vollständigen Bezahlung Eigentum Kunststoff AG.
Bankverbindung: Sparkasse Essen (BLZ 360 501 05) · Konto 88 234 672
USt-IdNr. DE 483976255 Steuernummer 222/5348/1047

Beleg 2

III-3

S. 107

Bilde die Buchungssätze für folgende Geschäftsfälle bei Krönle:

1. Zieleinkauf von Rohstoffen, Listenpreis netto 56.000,00 €

2. Zieleinkauf von Betriebsstoffen, netto 670,00 €

3. Krönle erhält eine Eingangsrechnung vom Fremdbauteilelieferer zum Listenpreis von netto, 3.600,00 €

4. Eingangsrechnung Betriebsstoffe, Listenpreis netto 48.000,00 €

5. Krönle überweist den offenen Rechnungsbetrag zu 4. an den Betriebsstofflieferer.

III-4

Beim Unternehmen Krönle liegen folgende drei Belege vor:

1. Welche Geschäftsfälle liegen den drei Belegen zugrunde?
2. Bilde den Buchungssatz zu jedem Beleg.

Franz Reisinger e. K.
Kohlen - Öle - Schmierstoffe

Krönle Küchengeräte und
Hotelleriebedarf e. K.
Augsburger Straße 12
86368 Gersthofen

München, 25. Mai 20..

Rechnung

Rechnungsnummer: 5678
Kundennummer: 24665

Schleißheimer Straße 12a
80333 München
Telefon: 089 3519635
Amtsgericht München HRA 4256
Kontoverbindungen:
Handelsbank München (BLZ 705 500 00)
Konto-Nr. 21-233 432
Sparbank München (BLZ 708 450 00)
Konto-Nr. 22 444 66

Wir lieferten Ihnen am 17. Mai 20..:

Pos.	kg	Einzelpreis €	Gegenstand	Gesamtpreis €
1	50	79,00	Spezialschmiermittel M545	3.950,00
			Warenwert netto	3.950,00
			+ 19 % Umsatzsteuer	750,50
			Rechnungsbetrag	**4.700,50**

Bitte bei Zahlungen und Schriftwechsel stets die Rechnungsnummer mit angeben.

Zahlungsbedingungen: Zahlung fällig am 25. Juni
Die Ware bleibt bis zur vollständigen Bezahlung Eigentum von Franz Reisinger e. K.
USt-IdNr. DE 432058762   Steuernummer 193/7684/2193

Beleg 1

Allgäuchem
Chemische Werke AG
Postfach 17722
87600 Kaufbeuren

Krönle Küchengeräte und
Hotelleriebedarf e. K.
Augsburger Straße 12
86368 Gersthofen

Allgäuchem - Chemische Werke AG
Postfach 17722
Goethestraße 17
87600 Kaufbeuren
Telefon: 08341 456666
Telefax: 08341 456667

Amtsgericht Kaufbeuren HRB 1284

Rechnung Nr. 349

21. Dezember 20..

Bankverbindung:
Handelsbank Kaufbeuren
(BLZ 705 567 00) Kto. Nr. 866 789

Für die Lieferung vom **19. Dezember 20..** erlauben wir uns, Ihnen zu berechnen:

Menge	Li. St.	Einzelpreis €	Gegenstand	Gesamtpreis €
100	Li.	13,00	Stahlkleber A12-44	1.300,00
200	Li.	13,00	Stahlkleber A12-46	2.600,00
250	Li.	12,00	Stahlkleber B14-22	3.000,00
			Warenwert netto	6.900,00
			+ 19 % Umsatzsteuer	1.311,00
			Rechnungsbetrag	**8.211,00**

Zahlung fällig am 27. Januar 20..
Die gelieferte Ware bleibt bis zur vollständigen Bezahlung unser Eigentum.

Vorstand: Prof. Dr. Erich Müller; Dr. Karl Vogel
Aufsichtsratsvorsitzender: Dr. Josef Pfeil
USt-IdNr. DE 895432045   Steuernr. 141/3243/6702

Beleg 2

Kontoauszug
27. Juni 20.. / 06.53 Uhr

Nummer 55   Konto 1270008374   Seite 1 / 1
Krönle Küchengeräte und Hotelleriebedarf e. K.

Bu. Tag	Wert	Bu. Nr.	Vorgang	Zusatzinformation	Betrag €
24.06.	24.06.	9966	Franz Reisinger e. K.	Rechnung Nr. 5678 vom 25. Mai 20..	4.700,50 –
24.06.	24.06.	9966	Allgäuchem	Rechnung Nr. 349 vom 21. Dezember 20..	8.211,00 –

Kontokorrentkredit EUR 50.000,00

alter Kontostand	EUR	33.255,90 +
neuer Kontostand	EUR	20.344,40 +

Bahnhofstraße 22-24, 86000 Augsburg

Tel.: 0821 224455   FAX: 0821 224466

Lechbank Augsburg

Beleg 3

1.

Beleg 1:

Beleg 2:

Beleg 3:

2.

Beleg 1:

Beleg 2:

Beleg 3:

III-5

Bilde die Buchungssätze für folgende Geschäftsfälle beim Unternehmen Krönle:

1. Bankgutschrift von 80.000,00 €: Krönle nimmt bei der Lechbank Augsburg einen Bankkredit in Höhe von 80.000,00 € mit einer Laufzeit von 5 Jahren auf.
2. Bei Krönle geht eine Rechnung vom Betriebsstofflieferer ein; Listenpreis netto 28.000,00 €.
3. Krönle begleicht eine Rechnung in Höhe von 5.220,00 € per Banküberweisung.

Fallstudie 1

Du bist Mitarbeiter/in in der Rechnungswesenabteilung beim Unternehmen Krönle. Deine Aufgabe ist es, den gesamten Vorgang vom Angebotsvergleich bis zum Rechnungsausgleich zu bearbeiten.

Beachte dabei folgende Vorgaben:

- Bei allen Ergebnissen sind jeweils alle notwendigen Lösungsschritte anzugeben.
- Alle Ergebnisse sind auf zwei Dezimalstellen zu runden.
- Achte auf eine saubere Form sowie auf die weiteren Grundsätze ordnungsmäßiger Buchführung.

S. 109

F1-1

Sonja Krönle teilt dir folgende Zusatzinformationen über die drei Lieferer mit, denn deine Aufgabe ist es, eine Bewertung der drei Angebote vorzunehmen und einen Vorschlag zu machen, für welches Angebot das Unternehmen Krönle sich entscheiden soll.

Lieferer 1

- Der Firmensitz des Lieferers ist in Dortmund.
- Es handelt sich um einen dem Unternehmen Krönle bisher unbekannten Lieferer.
- Als Lieferzeit wurden mindestens sechs Wochen genannt.

Lieferer 2

- Die Stahl AG ist in Essen ansässig.
- Die Stahl AG ist langjähriger Lieferer von Stahltafeln für das Unternehmen Krönle.
- Bisher lieferte die Stahl AG innerhalb von drei bis vier Wochen nach Bestellung.

Lieferer 3

- Die Metall-AG ist in Bochum ansässig.
- Es handelt sich um einen neuen Anbieter.
- Als Lieferzeit weden sechs Wochen genannt.

Für welches Angebot entscheidest du dich unabhängig vom Preis? Begründe deine Entscheidung.

Sonja Krönle hat sich für das Angebot der Stahl AG entschieden. Bearbeite die Aufgaben, die im Zusammenhang mit folgendem Beleg anfallen.

Stahl AG
Am Ruhrufer 17
45276 Essen

Tel.: 0201 613588
Fax: 0201 613599

Krönle Küchengeräte und
Hotelleriebedarf e. K.
Augsburger Straße 12
86368 Gersthofen

Essen, 23. Juni 20..

Rechnung

Rechnungsnummer: 57554
Kundennummer: 24999

Stahl AG
Am Ruhrufer 17
45276 Essen
Amtsgericht Essen HRB 4522
☎ 0201 613588
🖷 0201 613599

Wir lieferten Ihnen am 15. Juni 20..:

Pos.	kg	Einzelpreis €	Gegenstand	Gesamtpreis €
1	360	50,00	Stahlplatte S23 300 x 600 mm	18.000,00
			Warenwert netto	18.000,00
			+ 19 % Umsatzsteuer	3.420,00
			Rechnungsbetrag	**21.420,00**

Vorstand: Prof. Dr. Thorsten Menisch; Dr. Eugen Löffler
Aufsichtsratsvorsitzender: Dr. Karsten Albrecht
USt-IdNr. DE 879234567   Steuernummer 123/4579/2316

Zahlungsbedingungen: Zahlung fällig am 23. Juli 20..
Die Ware bleibt bis zur vollständigen Bezahlung Eigentum der Stahl AG.
Bankverbindung: Sparkasse Essen (BLZ 360 501 05) · Konto 88 145 567

1. Um welche Art von Beleg handelt es sich?

_____

_____

2. Formuliere den Geschäftsfall zu diesem Beleg.

_____

_____

3. Bilde den Buchungssatz.

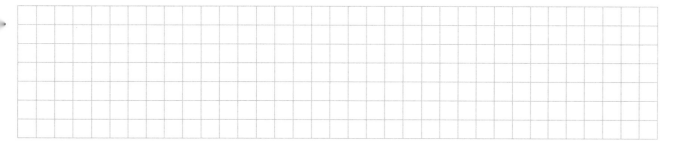

4. Bis zu welchem Tag muss Sonja Krönle die vorliegende Rechnung spätestens begleichen.

_____

_____

F1-3

Überweisungsauftrag an **790** 550 **00**
Lechbank Augsburg

Ang. GS / Hz

Empfänger: Name, Vorname/Firma (max. 27 Stellen)
S T A H L   A G

Konto-Nr. des Empfängers
8 8 1 4 5 5 6

Die Durchschrift ist für Ihre
Unterlagen bestimmt

Bankleitzahl
3 6 0 5 0 1 0 5

bei (Kreditinstitut)
S P A R K A S S E   E S S E N

Betrag
E U R   21 . 4 20 , 0 0

Kunden-Referenznummer – noch Verwendungszweck, ggf. Name und Anschrift des Auftraggebers – (nur für Empfänger)
R E C H N U N G S N U M M E R   5 7 5 5 4   V O M

noch Verwendungszweck (insgesamt max. 2 Zeilen à 27 Stellen)
2 3 .   J U N I   2 0 . .

Kontoinhaber: Name, Vorname/Firma, Ort (max. 27 Stellen, keine Straßen- oder Postfachangaben)
K R Ö N L E   K Ü C H E N G E R Ä T E

Konto-Nr. des Kontoinhabers
1 2 7 0 0 0 8 3 7 4   **2 0**

Schreibmaschine: normale Schreibweise!
Handschrift: Blockschrift in GROSSBUCHSTABEN,
bitte je Zeichen ein Kästchen verwenden!

Die Durchschrift ist für Ihre Unterlagen bestimmt.

Bitte NICHT VERGESSEN:
Datum/Unterschrift   1270008374

Datum / Unterschrift
21. Juli 20.. Sonja Krönle

1. Um welche Art von Beleg handelt es sich?

_____

_____

2. Formuliere den Geschäftsfall zu diesem Beleg.

_____

_____

_____

_____

3. Wem wird der Betrag gutgeschrieben?

_____

_____

4. Bilde den Buchungssatz zu diesem Beleg.

Kunststoff AG

Am Ruhrufer 55
45276 Essen

Tel.: 0201 614466
Fax: 0201 614467

Krönle Küchengeräte und
Hotelleriebedarf e. K.
Augsburger Straße 12
86368 Gersthofen

Essen, 24. Juni 20..

Rechnung

Rechnungsnummer: 23886
Kundennummer: 1277

Kunststoff AG
Am Ruhrufer 55
45276 Essen
Amtsgericht Essen HRB 3466
☎ 0201 614466
🖷 0201 614467

Wir lieferten Ihnen am 17. Juni 20..:

Pos.	Stück	Einzelpreis €	Gegenstand	Gesamtpreis €
1	2000	1,45	Kunststoffgriffe für Messer M32	2.900,00
			Warenwert netto	2.900,00
			+ 19 % Umsatzsteuer	551,00
			Rechnungsbetrag	**3.451,00**

Vorstand: Prof. Dr. Herbert Naulich; Dr. Franz Käfer
Aufsichtsratsvorsitzender: Prof. Dr. Helmut Steiner

Zahlungsbedingungen: Zahlung fällig am 24. Juli 20..
Die Ware bleibt bis zur vollständigen Bezahlung Eigentum Kunststoff AG.
Bankverbindung: Sparkasse Essen (BLZ 360 501 05) · Konto 88 234 672
USt-IdNr. DE 483976255   Steuernummer 222/5348/1047

1. Um welche Art von Beleg handelt es sich?

_____

2. Formuliere den Geschäftsfall zu diesem Beleg.

_____

3. Welche Art der Lieferbedingung liegt vor?

_____

_____

4. Bilde den Buchungssatz zu diesem Beleg.

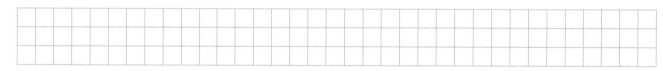

Kontoauszug
22. Juli 20.. / 08:43 Uhr

Nummer 117   Konto 1270008374   Seite 1 / 1
Krönle Küchengeräte und Hotelleriebedarf e. K.

Bu. Tag	Wert	Bu. Nr.	Vorgang	Zusatzinformation	Betrag €
21.07.	21.07.	9966	Kunststoff AG	Rechnung Nr. 23886 vom 24. Juni 20..	3.451,00 –

Kontokorrentkredit   EUR   50.000,00

alter Kontostand	EUR	22.765,64 +
neuer Kontostand	EUR	19.314,64 +

Bahnhofstraße 22-24, 86000 Augsburg

Tel.: 0821 224455   FAX: 0821 224466

Lechbank Augsburg

1. Um welche Art von Beleg handelt es sich?

_____

2. Formuliere den Geschäftsfall zu diesem Beleg.

_____

_____

3. Bilde den Buchungssatz zu diesem Beleg.

IV Verkauf von Fertigerzeugnissen

IV-1
S. 119

Bilde die Buchungssätze für folgende Geschäftsfälle:

1. Zieleinkauf von Rohstoffen, netto 7.600,00 €
2. Zielverkauf von Fertigerzeugnissen, Listenpreis netto 12.000,00 €
3. Zielverkauf von Fertigerzeugnissen, einschließlich Umsatzsteuer 26.180,00 €
4. Bankgutschrift für Rechnungsausgleich von 2.
5. Zieleinkauf von Hilfsstoffen, Listenpreis netto 12.100,00 €
6. Verkauf von Fertigerzeugnissen gegen Bankscheck, netto 8.200,00 €
7. Zielverkauf von fertigen Erzeugnissen, Listenpreis netto 86.400,00 €

IV-2

Wie lauten die Geschäftsfälle (Text und Beträge) für folgende Buchungen?

1.	FO	35.700,00 €	an	UEFE	30.000,00 €	
				UST	5.700,00 €	
2.	AWB	400,00 €				
	VORST	76,00 €	an	KA	476,00 €	
3.	AWR	2.000,00 €				
	VORST	380,00 €	an	VE	2.380,00 €	
4.	FO	1.725,00 €	an	UEFE	1.450,00 €	
				UST	275,00 €	
5.	AWF	6.800,00 €				
	VORST	1.292,00 €	an	VE	8.092,00 €	
6.	BK	35.700,00 €	an	FO	35.700,00 €	
7.	KA	571,20 €	an	UEFE	480,00 €	
				UST	91,20 €	
8.	VE	2.380,00 €	an	BK	2.380,00 €	

_____

_____

_____

_____

_____

_____

_____

_____

_____

IV-3

Deute die einzelnen Beträge, die in den Konten gebucht worden sind (Formuliere jeweils einen Geschäftsfall zu 2., 3. und 4.):

S	FO		H		S	UEFE		H	
AB	245.000,00 €	3. BK	42.840,00 €				2. FO	36.000,00 €	
2. UEFE /UST	42.840,00 €						4. KA	500,00 €	

_____

_____

_____

_____

Bilde die Buchungssätze für folgende Geschäftsfälle (voller USt-Satz, Werte in €).

1. Zielverkauf von Fertigerzeugnissen, netto 1.482,00 €
2. Zielverkauf von Fertigerzeugnissen, Listenpreis netto 24.000,00 €
3. Kassenquittung: Einkauf von Reinigungsmitteln, brutto 17,26 €
4. Zielkauf von Rohstoffen, netto 27.000,00 €
5. Eingangsrechnung: Betriebsstoffe, netto 75.000,00 €
6. Kauf von Flaschengas für Gabelstapler gegen Banküberweisung, netto 1.300,00 €
7. Eingangsrechnung: Hilfsstoffe, netto 12.500,00 €
8. Banklastschrift: Überweisung an den Hilfsstofflieferer von 7.
9. Barkauf von Reinigungsmaterial, netto 1.400,00 €
10. Verkauf gegen Rechnung, Fertigerzeugnisse, netto 16.800,00 €

IV-5

Zu dieser Grafik sind Aufträge zu bearbeiten:

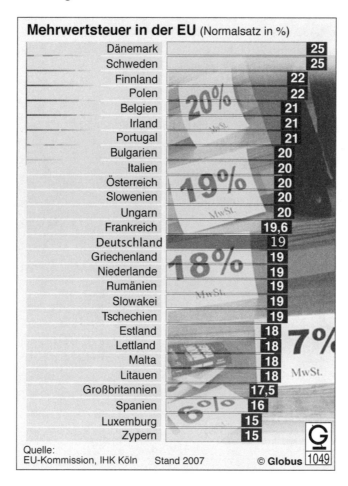

Mehrwertsteuer in der EU (Normalsatz in %)

Land	%
Dänemark	25
Schweden	25
Finnland	22
Polen	22
Belgien	21
Irland	21
Portugal	21
Bulgarien	20
Italien	20
Österreich	20
Slowenien	20
Ungarn	20
Frankreich	19,6
Deutschland	19
Griechenland	19
Niederlande	19
Rumänien	19
Slowakei	19
Tschechien	19
Estland	18
Lettland	18
Malta	18
Litauen	18
Großbritannien	17,5
Spanien	16
Luxemburg	15
Zypern	15

Quelle:
EU-Kommission, IHK Köln   Stand 2007   © Globus 1049

1. Welcher Sachverhalt wird in dieser Grafik behandelt?

_____

_____

_____

2. In welchen Staaten werden die höchsten Umsatzsteuersätze erhoben?

_____

_____

_____

3. Ist folgende Behauptung richtig (mit Begründung): „Der Umsatzsteuersatz in Deutschland ist im europäischen Vergleich eher hoch."?

_____

_____

_____

V Buchungskreislauf mit Abschluss
Fallstudie 2

Du bist Mitarbeiter/in in der Rechnungswesenabteilung beim Unternehmen Krönle und hast folgenden Fall zu bearbeiten. Beachte dabei folgende Vorgaben:
- Bei allen Ergebnissen sind jeweils **alle notwendigen Lösungsschritte** anzugeben.
- Alle Ergebnisse sind auf **2 Dezimalstellen zu runden.**
- **Achte auf eine saubere Form** sowie auf die weiteren Grundsätze ordnungsmäßiger Buchführung.

Fallstudie 2 zeigt das Unternehmen Krönle zu Beginn des zweites Geschäftsjahres. Hierbei wird nach bewährter und durch das HGB vorgeschriebener Art und Weise vorgegangen.

Zunächst macht man Inventur und erstellt ein Inventar, aus dem sich folgende Bestände ergeben:

BGR	400.000,00 €	FO	395.000,00 €
BVG	800.000,00 €	BK	48.000,00 €
MA	2.450.000,00 €	KA	45.000,00 €
FP	470.000,00 €	EK	? €
BM	280.000,00 €	LBKV	1.800.000,00 €
BA	470.000,00 €	KBKV	780.000,00 €
VOR	140.000,00 €	VE	718.000,00 €

F2-1
Erstelle anhand der Inventarbestände eine Bilanz des Unternehmens Krönle.

Aktiva		Bilanz	Passiva

F2-2

Eröffne die aktiven und passiven Bestandskonten, indem du die Anfangsbestände in die entsprechenden Konten einträgst.

S	BGR		H

S	FO		H

S	BVG		H

S	BK		H

S	MA		H

S	KA		H

S	FP		H

S	EK		H

S	BM		H

S	LBKV		H

S	BA		H

S	KBKV		H

S	VOR		H

S	VE		H

Bilde die Buchungssätze zu den Belegen 1 und 2.

Allgäuchem
Chemische Werke AG
Postfach 17722
87600 Kaufbeuren

Krönle Küchengeräte und
Hotelleriebedarf e. K.
Augsburger Straße 12
86368 Gersthofen

Allgäuchem - Chemische Werke AG
Postfach 17722
Goethestraße 17
87600 Kaufbeuren
Telefon: 08341 456666
Telefax: 08341 456667

Amtsgericht Kaufbeuren HRB 1284

Rechnung Nr. 349

2. Januar 20..

Bankverbindung:
Handelsbank Kaufbeuren
(BLZ 705 567 00) Kto. Nr. 866 789

Für die Lieferung vom **29. Dezember 20..** erlauben wir uns, Ihnen zu berechnen:

Men-ge	Li.St.	Einzelpreis €	Gegenstand	Gesamtpreis €
100	Li.	13,00	Stahlkleber A12-44	1.300,00
100	Li.	13,00	Stahlkleber A12-46	1.300,00
100	Li.	12,00	Stahlkleber B14-22	1.200,00
			Warenwert netto	3.800,00
			+ 19 % Umsatzsteuer	722,00
			Rechnungsbetrag	**4.522,00**

Zahlung fällig am 2. Februar 20..
Die gelieferte Ware bleibt bis zur vollständigen Bezahlung unser Eigentum.

Vorstand: Prof. Dr. Erich Müller; Dr. Karl Vogel
Aufsichtsratsvorsitzender: Dr. Josef Pfeil
USt-IdNr. DE 895432045   Steuernummer 141/3243/6702

Beleg 1

Kunststoff AG

Am Ruhrufer 55
45276 Essen

Tel.: 0201 614466
Fax: 0201 614467

Krönle Küchengeräte und
Hotelleriebedarf e. K.
Augsburger Straße 12
86368 Gersthofen

Essen, 2. Januar 20..

Rechnung

Rechnungsnummer: 32554
Kundennummer: 1277

Kunststoff AG
Am Ruhrufer 55
45276 Essen
Amtsgericht Essen HRB 3466
☎ 0201 614466
📠 0201 614467

Wir lieferten Ihnen am 28. Dezember 20..:

Pos.	Stück	Einzelpreis €	Gegenstand	Gesamtpreis €
1	1500	1,40	Kunststoffgriffe für Messer M34	2.100,00
			Warenwert netto	2.100,00
			+ 19 % Umsatzsteuer	399,00
			Rechnungsbetrag	**2.499,00**

Vorstand: Prof. Dr. Herbert Naulich; Dr. Franz Käfer
Aufsichtsratsvorsitzender: Prof. Dr. Helmut Steiner

Zahlungsbedingungen: Zahlung fällig am 2. Februar 20..
Die Ware bleibt bis zur vollständigen Bezahlung Eigentum Kunststoff AG.
Bankverbindung: Sparkasse Essen (BLZ 360 501 05) · Konto 88 234 672
USt-IdNr. DE 483976255   Steuernummer 222/5348/1047

Beleg 2

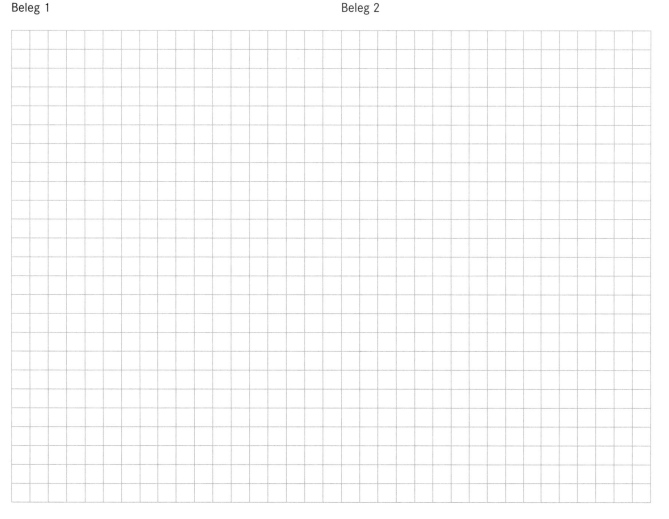

Frau Krönle bestellt die Schmierstoffe beim Lieferer Obermann und erhält folgende Rechnung:

1. Kontiere auf einem Vorkontierungsblatt den Beleg 3 vor.
2. Bilde den Buchungssatz für diesen Beleg.
3. Bis zu welchem Datum muss der Rechnungsbetrag spätestens beglichen sein?
4. Welche Rechtsform hat das Unternehmen Obermann?
5. Nenne drei Merkmale dieser Rechtsform.
6. Was bedeutet der Vermerk „Lieferung frei Haus" auf dem Beleg?

Ernst Obermann & Sohn e. K.

Schmierstoffe - Heizöle - Kohlen

Ernst Obermann & Sohn, Industriestraße 235, 80645 München

Krönle Küchengeräte und
Hotelleriebedarf e. K.
Augsburger Straße 12
86368 Gersthofen

Industriestraße 235
80645 München
Telefon: 089 351615 - 222

Kontoverbindungen:
Handelskasse München (BLZ 703 500 00)
Konto-Nr. 21-151 444
Amtsgericht München HRA 12 44
USt-IdNr. DE 273947654
Steuernr. 837/2364/4839

Datum **2. Januar 20..**

Rechnungs-Nummer: 15

Rechnung

Lieferdatum	Bezeichnung	Menge in L	ME	E-Preis	Betrag
29. Dez. 20..	Spezial-schmiermittel M545	50	1	44,175	2.208,75

Warenwert	USt. in %	USt. in €	Rechnungbetrag
2.208,75	19	419,66	**2.628,41**

Lieferung frei Haus

Bitte bei Zahlungen und Schriftwechsel stets die Rechnungs-Nummer mit angeben

Wir danken für Ihren Auftrag!
Rechnung fällig am 2. März 20..
Bei Bezahlung bis zum 10. Januar 20.. gewähren wir **3 %** Skonto.

Beleg 3

Bu-art	Datum	Soll	Haben	Bu.-Nr. B/N	Betrag(€)		UCo

_____

_____

_____

_____

_____

_____

_____

_____

F2-5

S. 141

1. Bilde den Buchungssätze zu den folgenden Belegen 4 bis 14.

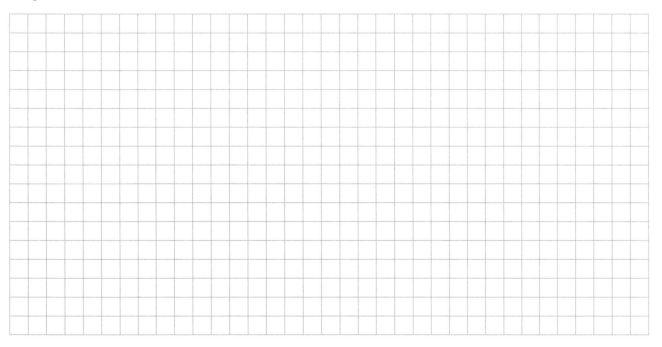

Beleg 4

Beleg 5

Auto-Huberlein GmbH *freundlich & fair*

Auto Huberlein GmbH – Schlossweg 11 – 80637 München

Krönle Küchengeräte und
Hotelleriebedarf e. K.
Augsburger Straße 12
86368 Gersthofen

RECHNUNG Nr. 07034
(Bei Zahlung bitte angeben)

Kauf eines Vorführwagen
Kunden-Nr. **12416**   Auftrags-Nr. **6415**
Datum   **2. Jan. 20..**   Lieferdatum **2. Jan. 20..**
Es bediente Sie Herr Thomas Huberlein.
Steuernummer 143 805 135666

Sie erhalten lt. Ihrem Auftrag vom 2. Dezember 20..:

Fabrikat	MAZDA	Modellnummer	31810074
Fahrgestell-Nr	JMZCR19F260101808	Modell	M5 5T 2.0 MZR SV
Wagentyp	Pkw	Fahrzeugtyp	M5 VAN
Farbcode	25ECC1	Karosserieaufbau	5T VAN
Polsterung	nevada/schwarz	Farbe	eismeersilber met
Motor/ccm	Otto 1999	Bereifung	205/55R 16 91V
KFZ-Brief	CW724241	kw/PS	107/146
Schlüssel	8W 10720	pol. Kennzeichen	A-AR 2034
HU-Datum	06.2009	Erstzulassung	16.06.2007
km-Stand	2500	AU-Datum	06.2009

GUTE FAHRT UND VIEL FREUDE MIT IHREM NEUERWORBENEN
FAHRZEUG

Fahrzeugpreis	20.200,00 €
Krönle-Lackierung	2.400,00 €
Überführungskosten	250,00 €
Zulassung	150,00 €
Nettowert	23.000,00 €
19 % Umsatzsteuer	4.370,00 €
Gesamt	**27.370,00 €**

Gesamtbetrag sofort zahlbar ohne irgendeinen Abzug

Auto-Huberlein GmbH

Auto Huberlein GmbH
Tel.: 089 1575782
Fax: 089 1575784
www.autohuberlein.com
muenchen@auto-huberlein.com

Handelsregister München HRB 80886
Kreissparkasse München (BLZ 702 501 50)
Konto 110 605 999

Beleg 6

Krönle

Küchengeräte und
Hotelleriebedarf e. K.

Krönle e. K., Augsburger Straße 12, 86368 Gersthofen

Martin Wagner
Alpenweg 8
80688 München

RECHNUNG Nr. 0024

Krönle Küchengeräte und
Hotelleriebedarf e. K.
Augsburger Straße 12
86368 Gersthofen
Amtsgericht Augsburg HRA 3345
☎ 0821 497244
🖷 0821 497255
🖥 www.kroenle-online.de

Gersthofen, 3. Januar 20..

Für die Lieferung vom **15. Dezember 20..** erlauben wir uns, Ihnen zu berechnen:

Artikel	Artikel-Nr.	Einzelpreis €	Stück	Gesamtpreis €
Küchenenausstattung				
komplett	K-22	32.000,00	1	32.000,00
Warenwert netto				32.000,00
Umsatzsteuer 19 %				6.080,00
				38.080,00

Zahlung fällig am 3. März 20..
Die gelieferte Ware bleibt bis zur vollständigen Bezahlung unser Eigentum.

Bankverbindung: Konto-Nr.: 1270008374 Lechbank Augsburg · BLZ 790 550 00
USt-IdNr. DE 233555621   Steuernummer 178/2045/3428

Home of Business

Hardware   Software   Digitalkameras   Notebooks   Organizer   Handys   Navigationssysteme   Telekommunikation

Home of Business GmbH & Co. KG   Gewerbestraße 44   86707 Westendorf

Krönle Küchengeräte und
Hotelleriebedarf e. K.
Augsburger Straße 12
86368 Gersthofen

RECHNUNG
Nr. 12093
(Bei Zahlung bitte angeben)

Kundennummer 284718

Datum:	3. Januar 20..
Lieferdatum:	29. Dezember 20..
Auftragsnr.:	77665
USt-ID:	DE876556588

Pos	Art.-Nr.	Bezeichnung	Menge/ Einheit	E-Preis EUR	G-Preis EUR
1	105519	Farblaserdrucker Epson AcuLaser C1100	2	275,00	550,00

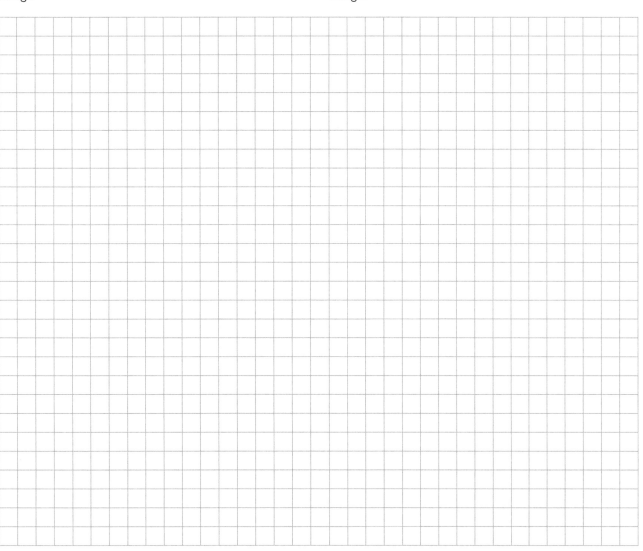

Warenwert EUR	Versand EUR	Nettowert EUR	UST %	UST EUR	Rechnungs- betrag EUR
550,00	0,00	550,00	19,00	104,50	**654,50**

8 Tage nicht skontierbar - zahlbar bis 3. Februar
Die Ware bleibt bis zur vollständigen Bezahlung unser Eigentum.

Kommanditgesellschaft: Sitz Augsburg
Geschäftsführer: Martin Wald
www.hob.de

Handelsregister Augsburg HRA 14633
Fuggerbank Augsburg (BLZ 702 540 00)
Konto 6700500

Beleg 7

Stahl AG

Am Ruhrufer 17
45276 Essen

Tel.: 0201 613588
Fax: 0201 613599

Krönle Küchengeräte und
Hotelleriebedarf e. K.
Augsburger Straße 12
86368 Gersthofen

Essen, 3. Januar 20..

Rechnung

Rechnungsnummer: 5668
Kundennummer: 24999

Stahl AG
Am Ruhrufer 17
45276 Essen
Amtsgericht Essen HRB 4522
☎ 0201 613588
🖷 0201 613599

Wir lieferten Ihnen am 30. Dezember 20..:

Pos.	kg	Einzelpreis €	Gegenstand	Gesamtpreis €
1	200	50,00	Stahlplatte S23 300 x 600 mm	10.000,00
			Warenwert netto	10.000,00
			+ 19 % Umsatzsteuer	1.900,00
			Rechnungsbetrag	**11.900,00**

Vorstand: Prof. Dr. Thorsten Menisch; Dr. Eugen Löffler
Aufsichtsratsvorsitzender: Dr. Karsten Albrecht
USt-IdNr. DE 879234567   Steuernummer 123/4579/2316

Zahlungsbedingungen: Zahlung fällig am 3. Februar 20..
Die Ware bleibt bis zur vollständigen Bezahlung Eigentum der Stahl AG.
Bankverbindung: Sparkasse Essen (BLZ 360 501 05) · Konto 88 145 567

Beleg 8

Überweisungsauftrag an **790** 550 **00**
Lechbank Augsburg

Ang. GS / Hz

Empfänger: Name, Vorname/Firma (max. 27 Stellen)
S T A H L   A G

Konto-Nr. des Empfängers
8 8 1 4 5 5 6

Die Durchschrift ist für Ihre Unterlagen bestimmt

Bankleitzahl
3 6 0 5 0 1 0 5

bei (Kreditinstitut)
S P A R K A S S E   E S S E N

Betrag
E U R   **1 1 . 9 0 0 , 0 0**

Kunden-Referenznummer – noch Verwendungszweck, ggf. Name und Anschrift des Auftraggebers – (nur für Empfänger)
R E C H N U N G S N U M M E R   5 6 6 8   V O M

noch Verwendungszweck (insgesamt max. 2 Zeilen à 27 Stellen)
0 3 .   J A N U A R   2 0 . .

Kontoinhaber: Name, Vorname/Firma, Ort (max. 27 Stellen, keine Straßen- oder Postfachangaben)
K R Ö N L E   K Ü C H E N G E R Ä T E

Konto-Nr. des Kontoinhabers
1 2 7 0 0 0 8 3 7 4   **2   0**

Bitte NICHT VERGESSEN:
Datum/Unterschrift   1270008374

Datum / Unterschrift
3. Januar 20.. Sonja Krönle

Beleg 9

Krönle

Küchengeräte und
Hotelleriebedarf e. K.

Krönle e. K., Augsburger Straße 12, 86368 Gersthofen

Hotel zum Kaiser
Bahnhofstraße 12
80688 München

Krönle Küchengeräte und
Hotelleriebedarf e. K.
Augsburger Straße 12
86368 Gersthofen
Amtsgericht Augsburg HRA 3345
☎ 0821 497244
🖷 0821 497255
🖳 www.kroenle-online.de

RECHNUNG Nr. 0028

Gersthofen, 3. Januar 20..

Für die Lieferung vom **2. Januar** erlauben wir uns, Ihnen zu berechnen:

Artikel	Artikel-Nr.	Einzelpreis €	Stück	Gesamtpreis €
Suppentopf Ø 14,0 cm	ST-14	127,00	5	635,00
Spargeltopf Ø 20,0 cm	SP-22	218,00	5	1.090,00
Warenwert netto				1.725,00
Frachtkosten				0,00
Umsatzsteuer 19 %				327,75
				2.052,75

Zahlung fällig am 3. März 20.. rein netto
Bei Bezahlung bis zum 13. Januar 20.. gewähren wir 2 % Skonto.
Die gelieferte Ware bleibt bis zur vollständigen Bezahlung unser Eigentum.

Bankverbindung: Konto-Nr.: 1270008374 Lechbank Augsburg • BLZ 790 550 00

USt-IdNr. DE 233555621 Steuernr. 178/2045/3428

Beleg 10

Krönle

Küchengeräte und Hotelleriebedarf e. K.

Krönle e. K., Augsburger Straße 12, 86368 Gersthofen

Versandhaus Modernes Wohnen
Alpenweg 13
80637 München

RECHNUNG Nr. 0031

Krönle Küchengeräte und
Hotelleriebedarf e. K.
Augsburger Straße 12
86368 Gersthofen
Amtsgericht Augsburg HRA 3345
☎ 0821 497244
🖷 0821 497255
🖳 www.kroenle-online.de

Gersthofen, 3. Januar 20..

Für die Lieferung vom **2. Januar** erlauben wir uns, Ihnen zu berechnen:				
Artikel	Artikel-Nr.	Einzelpreis €	Stück	Gesamtpreis €
Schöpflöffel "Maxi"	SL-24	21,00	100	2.100,00
Fleischmesser 18,0 cm	FM-18	56,00	100	5.600,00
Warenwert netto				7.700,00
Frachtkosten				0,00
Umsatzsteuer 19 %				1.463,00
				9.163,00

Zahlung fällig am 3. März 20.. rein netto
Bei Bezahlung bis zum 13. Januar 20.. gewähren wir 2 % Skonto.
Die gelieferte Ware bleibt bis zur vollständigen Bezahlung unser Eigentum.

Bankverbindung: Konto-Nr.: 1270008374 Lechbank Augsburg • BLZ 790 550 00

USt-IdNr. DE 233555621 Steuernr. 178/2045/3428

Beleg 11

HOHENBAUER
Spezialmöbelwerk

Hohenbauer GmbH & Co. KG   Bootstraße 6   74631 Öhringen

Krönle Küchengeräte und
Hotelleriebedarf e. K.
Augsburger Straße 12
86368 Gersthofen

RECHNUNG
Nr. 1233
(Bei Zahlung bitte angeben)

Kundennummer 24557

Datum:	3. Januar 20..
Lieferdatum:	30. Dezember 20..
Auftragsnr.:	34456
USt-ID:	DE 878765499
St.-Nr.:	113/1164/2277

Pos	Art.-Nr.	Bezeichnung	Menge/ Einheit	E-Preis EUR	G-Preis EUR
1	22	Büro – mit Besprechungsecke	2	2.400,00	4.800,00

Warenwert EUR	Versand	Nettowert EUR	UST %	UST EUR	Rechnungs-betrag
4.800,00	0,00	4.800,00	19,00	912,00	**5.712,00**

Zahlbar bis 3. März 20.. ohne Abzug
Die Ware bleibt bis zur vollständigen Bezahlung unser Eigentum.

Hohenbauer Spezialmöbelwerk
GmbH & Co. KG
Geschäftsführer: Toni Schwalbl
www.hohenbauer.de

Handelsregister Schwäbisch Hall HRA 4500
Hohenlohe Sparkasse (BLZ 622 555 00)
Konto 4699900

Beleg 12

Malka KG
Fertigungsmaschinen und Industrieroboter
Würzburg

Malka, Bahnhofsstraße 14, 97070 Würzburg

Krönle Küchengeräte und
Hotelleriebedarf e. K.
Augsburger Straße 12
86368 Gersthofen

Bahnhofstr.22
97070 Würzburg
Telefon: 0931/ 34 55 89

Amtsgericht Würzburg HRA 4236
USt-IdNr. DE 783174985
Steuernr. 156/7043/7685

Kontoverbindungen:
Hausbank Würzburg (BLZ 703 555 00)
Konto-Nr. 99155766

Rechnung

Datum: 4. Januar 20..

Lieferdatum: 29. Dezember 20..

Rechnungsnummer: 34

Art.-Nr.	Gegenstand	Menge	Preis je Einheit	Betrag in €
M34	Industrie-Kleinroboter SFM-T55-C45 inklusive Montage Montagekosten	1	32.000,00	32.000,00
	+ 19 % Umsatzsteuer			6.080,00
	Rechnungsbetrag			<u>38.080,00</u>

Vielen Dank für Ihren Auftrag
Rechnung fällig am 4. Februar 20.. ohne Skontoabzug

Bitte bei Zahlungen und Schriftwechsel stets die Rechnungs-Nummer mit angeben.

Beleg 13

Kontoauszug
4. Januar 20.. / 06.53 Uhr

Nummer 3   Konto 1270008374   Seite 1 / 1
Krönle Küchengeräte und Hotelleriebedarf e. K.

Bu. Tag	Wert	Bu. Nr.	Vorgang	Zusatzinformation	Betrag €
03.01.	03.01	9966	Martin Wagner	Gutschrift für Rechnung Nr. 0024 vom 3. Jan. 20..	38.080,00 +

Kontokorrentkredit EUR 50.000,00

alter Kontostand   EUR   38.350,59 +
neuer Kontostand   EUR   76.430,59 +

Bahnhofstraße 22-24, 86000 Augsburg

Tel.: 0821 224455   FAX: 0821 224466

Lechbank Augsburg

Beleg 14

F2-6

S. 149

Übertrage die Buchungen in die Konten.

F2-7

S. 149

Schließe die Konten ordnungsgemäß ab.

S		H	S		H

S		H	S		H

S		H	S		H

S		H	S		H

S		H	S		H

S		H	S		H

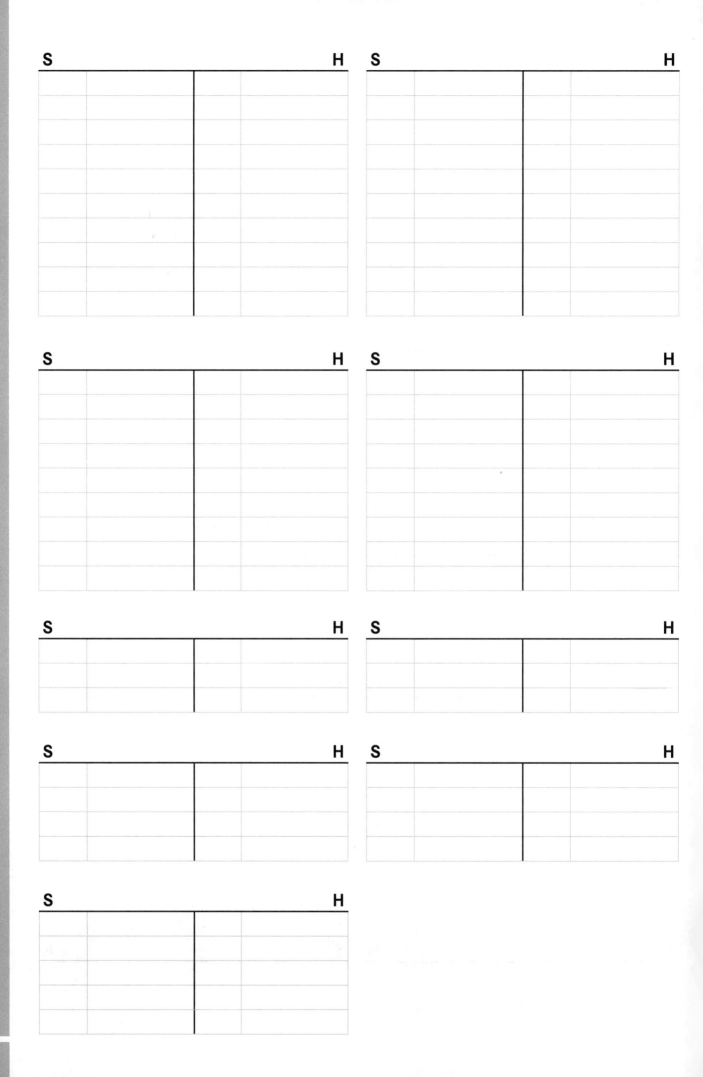

Soll   **Schlussbilanzkonto**   **Haben**

Aktiva   **Schlussbilanz**   **Passiva**

Verzeichnis der Konten und Kontenabkürzungen

Aktive Bestandskonten

UGR	Unbebaute Grundstücke
BGR	Bebaute Grundstücke
BVG	Betriebs- und Verwaltungsgebäude
MA	Maschinen
FP	Fuhrpark
BM	Büromaschinen
BA	Büroausstattung
FO	Forderungen aus Lieferungen und Leistungen
BK	Bank
KA	Kasse
VORST	Vorsteuer

Passive Bestandskonten

KBKV	Kurzfristige Bankverbindlichkeiten
LBKV	Langfristige Bankverbindlichkeiten
VE	Verbindlichkeiten aus Lieferungen und Leistungen
UST	Umsatzsteuer
EK	Eigenkapital

Ertragskonten

| UEFE | Umsatzerlöse für eigene Erzeugnisse |

Aufwandskonten

AWR	Aufwendungen für Rohstoffe
AWH	Aufwendungen für Hilfsstoffe
AWB	Aufwendungen für Betriebsstoffe
AWF	Aufwendungen für Fremdbauteile